나만 빼고 다 아는

최소한의 과학상식 100

글 정혜심 그림 이혜원

삼성출판사

저자의 말

안녕, 친구들!

시미쌤은 과학이 세상을 이해하는 눈을 열어 준다고 믿는 선생님이야. 우리가 매일 마주하는 일상 속에도 과학이 숨어 있다는 걸 알면, 세상이 훨씬 더 신기하고 흥미롭게 보인단다. 전등을 켜고, 얼음을 녹이고, 하늘을 바라보는 순간에도 과학은 우리 곁에서 조용히 일하고 있어.

그래서 이 책, 《최소한의 과학 상식 100》에는 초등학생이라면 꼭 알아야 할 과학의 핵심 100가지를 담았어. 단순히 외우는 지식이 아니라, '왜 그럴까?' 하고 스스로 질문하며 생각을 확장할 수 있는 개념들이야. 단원별 이야기는 비교적 짧고 쉽지만, 그 안에는 세상을 이해하는 큰 힘이 숨어 있지. 시미쌤이 학교에서 수많은 아이들을 가르치며 느낀 건 하나야. 공부를 '잘하는' 아이보다 '이해하며 연결하는' 아이가 훨씬 더 멀리 간다는 것!

이 책을 통해 너희가 교과서 속 과학을 넘어서, 세상을 바라보는 눈을 조금 더 깊고 넓게 키워 가길 바라. 페이지를 넘기다 보면 '이건 나도 본 적 있어!', '이건 왜 그런 걸까?' 하는 생각이 들 거야. 바로 그 순간, 과학이 너의 친구가 되는 거란다. 자, 이제 함께 과학의 세계로 한 걸음 들어가 볼까?

2026년 1월

시미쌤 드림

이 책의 구성과 특징

초등학생이 꼭 알아야 할 최소한의 과학 상식을 6개 주제로 나누어 총 100편의 글로 담았어요. 선생님이 직접 쓴 글을 읽고, 과학 상식을 배우며 재미있는 퀴즈도 풀어 보세요. 100개의 상식을 넘어서, 과학이 더 궁금한 어린이로 성장할 거예요.

다양한 과학 주제

과학이 따분하게 느껴지지 않도록 6가지 재미있는 주제로 구성했어요.

제목만 봐도 읽고 싶은 글

알고 보면 우리 일상 곳곳에 숨어 있는 과학 이야기를 보다 쉽고 재미있게 들려줘요.

O/X 퀴즈

본문에 나온 과학 지식을 잘 이해했는지 간단한 퀴즈로 확인해 보아요.

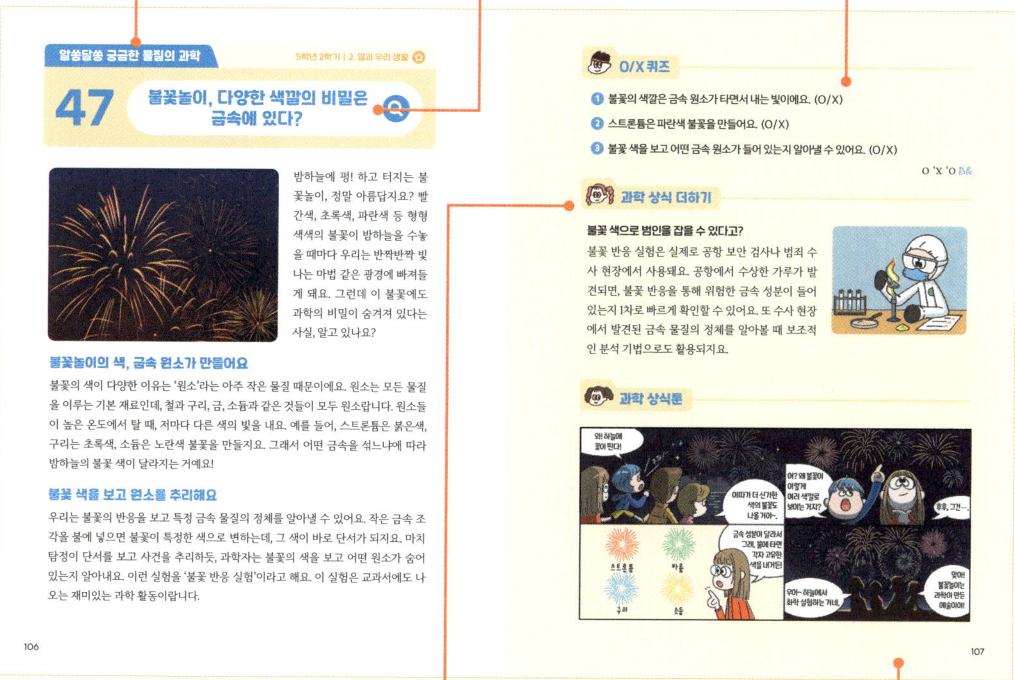

알쏭달쏭 궁금한 물질의 과학

5학년 2학기 | 2. 열과 우리 생활

47 불꽃놀이, 다양한 색깔의 비밀은 금속에 있다?

밤하늘에 펑! 하고 터지는 불꽃놀이, 정말 아름답지요? 빨간색, 초록색, 파란색 등 형형색색의 불꽃이 밤하늘을 수놓을 때마다 우리는 반짝반짝 빛나는 마법 같은 광경에 빠져들게 돼요. 그런데 이 불꽃에도 과학의 비밀이 숨겨져 있다는 사실, 알고 있나요?

불꽃놀이의 색, 금속 원소가 만들어요

불꽃의 색이 다양한 이유는 '원소'라는 아주 작은 물질 때문이에요. 원소는 모든 물질을 이루는 기본 재료인데, 철과 구리, 금, 소듐과 같은 것들이 모두 원소랍니다. 원소들이 높은 온도에서 탈 때, 저마다 다른 색의 빛을 내요. 예를 들어, 스트론튬은 붉은색, 구리는 초록색, 소듐은 노란색 불꽃을 만들지요. 그래서 어떤 금속을 섞느냐에 따라 밤하늘의 불꽃 색이 달라지는 거예요!

불꽃 색을 보고 원소를 추리해요

우리는 불꽃의 반응을 보고 특정 금속 물질의 정체를 알아낼 수 있어요. 작은 금속 조각을 불에 넣으면 불꽃이 특정한 색으로 변하는데, 그 색이 바로 단서가 되지요. 마치 탐정이 단서를 보고 사건을 추리하듯, 과학자는 불꽃의 색을 보고 어떤 원소가 숨어 있는지 알아내요. 이런 실험을 '불꽃 반응 실험'이라고 해요. 이 실험은 교과서에도 나오는 재미있는 과학 활동이랍니다.

106

O/X 퀴즈

1. 불꽃의 색깔은 금속 원소가 타면서 내는 빛이에요. (O/X)
2. 스트론튬은 파란색 불꽃을 만들어요. (O/X)
3. 불꽃 색을 보고 어떤 금속 원소가 들어 있는지 알아낼 수 있어요. (O/X)

정답 O, X, O

과학 상식 더하기

불꽃 색으로 범인을 잡을 수 있다고?

불꽃 반응 실험은 실제로 공항 보안 검사나 범죄 수사 현장에서 사용돼요. 공항에서 수상한 가루가 발견되면, 불꽃 반응을 통해 위험한 금속 성분이 들어 있는지 1차로 빠르게 확인할 수 있어요. 또 수사 현장에서 발견된 금속 물질의 정체를 알아볼 때 보조적인 분석 기법으로도 활용되지요.

과학 상식툰

107

과학 상식 더하기

본문과 관련된 재미있는 사례나 더 궁금해할 만한 내용을 담았어요. 알수록 신기한 과학의 세계에 흠뻑 빠져 보아요.

재미있는 독후 활동

과학 상식툰, 과학 퀴즈, 숨은그림찾기, 선으로 이어요 등 다양한 활동을 통해 기초 과학 상식을 탄탄히 다져요.

차례

냠냠 맛보는 맛의 과학

찌르르 느끼는 몸의 과학

두근두근 신기한 생명의 과학

알쏭달쏭 궁금한 물질의 과학

와글와글 변하는 힘의 과학

반짝반짝 꿈꾸는 지구와 우주 과학

01 옥수수는 어떻게 하얀 눈꽃으로 변할까?

혹시 고소한 냄새가 나는 팝콘을 좋아하나요? 영화를 볼 때면 자연스레 생각나는 영화관 대표 간식, 팝콘은 옥수수로 만들어요. 그런데 모든 옥수수가 팝콘이 되는 건 아니에요. 팝콘은 '폭립종' 또는 '폭열종'이라고 불리는 특별한 옥수수로만 만들 수 있답니다.

팝콘이 되기 위한 옥수수의 조건

우리가 흔히 쪄 먹는 찰옥수수와 단옥수수는 껍질이 부드러워요. 반면 팝콘을 만드는 폭립종 옥수수는 껍질이 아주 단단해요. 팝콘이 만들어지는 비밀은 바로 이 단단한 껍질에 숨어 있어요. 과연 옥수수의 껍질은 팝콘을 만드는 데 어떤 역할을 할까요?

'펑!' 하고 터지는 과학의 순간

폭립종 옥수수의 단단한 껍질 안에는 작은 물방울과 부드러운 녹말이 함께 들어 있어요. 옥수수 알갱이를 뜨겁게 가열하면 알갱이 속 물방울이 수증기로 변하면서 부피가 커져요. 수증기는 알갱이 밖으로 나가려고 하지만, 단단한 껍질 때문에 빠져나갈 수 없답니다. 이때 생긴 강한 압력이 껍질을 '펑!' 하고 터뜨리고, 그 순간 알갱이 속에 있던 녹말이 하얗고 부드럽게 부풀어 올랐다가 빠르게 굳어 팝콘이 돼요. 하지만 찰옥수수나 단옥수수에 높은 열을 가하면 수증기가 부드러운 껍질 밖으로 빠져나가 팝콘처럼 터지지 않아요. 그러니까 팝콘이 먹고 싶다고 괜히 집에 있는 옥수수를 전자레인지에 넣을 필요는 없겠지요?

O/X 퀴즈

1. 찰옥수수로 맛있는 팝콘을 만들 수 있어요. (O/X)
2. 폭립종 옥수수는 껍질이 단단하고 튼튼해서 수증기가 빠져나가지 못하게 막아요. (O/X)
3. 옥수수 알갱이가 터지는 이유는 속에 있던 물방울이 차가워지기 때문이에요. (O/X)

정답 X, O, X

과학 상식 더하기

톡톡! 옥수수의 다양한 변신

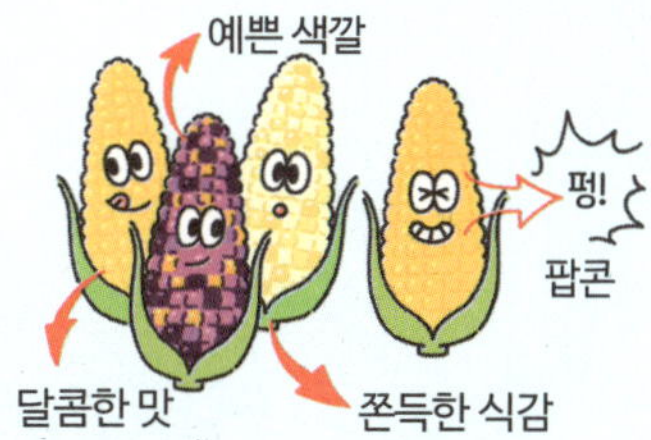

고소한 팝콘이 되는 폭립종 외에도 옥수수에는 여러 가지 품종이 있어요. 여름철에 즐겨 먹는 단옥수수는 알갱이가 크고 달콤해서 그대로 쪄 먹거나 통조림으로 만들어요. 쫀득한 식감이 매력적인 찰옥수수는 하얀색이나 얼룩무늬를 띠며, 씹는 재미가 있지요. 또 색이 알록달록하고 예쁜 관상용 옥수수는 주로 장식에 사용돼요. 이렇게 옥수수는 생김새, 맛, 쓰임새가 정말 다양하답니다.

숨은그림찾기

캠핑장에 숨은 그림을 모두 찾아보세요!

숨은 그림

- □ 국자
- □ 연필
- □ 옥수수
- □ 팝콘
- □ 바나나

정답

02 빵을 구우면 왜 더 맛있을까?

지글지글 불판에 굽는 고기나 프라이팬 위 노릇노릇한 토스트에서 나는 고소한 냄새를 맡아 본 적 있나요? 군침 도는 이 음식들에는 한 가지 공통점이 숨어 있어요. 바로 '마이야르 반응' 덕분에 먹음직스러운 색깔과 맛있는 냄새가 만들어진다는 거예요.

당과 아미노산이 만드는 맛의 마법

음식 속에는 아주 작은 영양소들이 들어 있어요. 이 영양소들 가운데 '당'과 '아미노산'이 뜨거운 열을 만나면 깜짝 놀랄 만한 변신을 해요. 예를 들어, 하얀 빵을 오븐에 구우면 갈색으로 변하고, 커피콩을 볶으면 진한 색을 띠게 되는 것처럼 말이에요. 이처럼 당과 아미노산이 열을 만나 서로 손을 잡고 완전히 새로운 물질로 바뀌면서 먹음직스러운 갈색을 만들어 내는 것이 바로 마이야르 반응이에요.

코와 뇌를 깨우는 향기 분자

마이야르 반응이 일어나면 수백 가지의 새로운 '향기 분자'가 태어나요. 분자는 우리 눈에 보이지 않는 아주 작은 알갱이를 말해요. 세상의 모든 물질은 이 작은 분자들로 이루어져 있어요. 마치 작은 블록으로 자동차나 집을 만들 수 있는 것처럼요! 이렇게 만들어진 고소하고 달콤한 향기 분자들이 공기 중에 떠다니다가 코로 쏙 들어오면, 우리 뇌는 "와, 맛있는 음식이다!" 하고 반응해요. 그래서 저절로 입에 침이 고이고, 배가 고프지 않아도 갑자기 식욕이 생긴답니다.

O/X 퀴즈

1. 고기를 굽거나 빵을 구울 때 나는 고소한 냄새는 마이야르 반응과 관련이 있어요. (O/X)
2. 분자는 우리 눈으로 쉽게 볼 수 있는 커다란 알갱이예요. (O/X)
3. 마이야르 반응으로 생긴 냄새는 식욕을 떨어뜨려요. (O/X)

정답 O, X, X

과학 상식 더하기

뇌는 어떻게 맛있는 냄새를 알까?

코 안쪽에는 아주 특별한 '냄새 감지 세포(후각 수용체 세포)'들이 있어요. 이 세포들은 코로 들어온 향기 분자를 알아채고 전기 신호로 바꾸어 뇌에게 '이런 냄새가 들어왔어요!' 하고 빠르게 알려 줘요. 마치 전화선을 타고 메시지가 전달되는 것과 같지요. 신호를 받은 뇌는 '아, 이건 빵 굽는 냄새구나!', '이건 고기 굽는 냄새네!' 하고, 우리가 어떤 냄새를 맡았는지 알게 된답니다.

과학 퀴즈 - 난센스

마이야르 반응이 제일 싫어하는 계절은 무엇일까요?

정답 겨울(왜냐하면 열이 없으니까)

03 뽀글뽀글 탄산음료, 톡 쏘는 맛의 정체는?

콜라나 사이다를 마실 때 거품이 톡톡 터지는 느낌을 좋아하나요? 마치 입안에서 작은 폭죽이 터지는 듯해요. 그 기분 좋은 따끔함은 높은 압력으로 녹아 들어간 이산화 탄소 때문이랍니다.

압력은 무엇일까요?

'압력'은 일정한 공간을 꾹 누르는 힘, 또는 그 힘의 크기를 말해요. 압력은 누르는 힘의 크기가 클수록, 또는 힘을 받는 면적이 작을수록 커져요. 사실 우리 주변의 공기도 우리 몸을 누르고 있어요. 이것을 '대기압'이라고 해요. 그런데 왜 대기압을 느끼지 못할까요? 그것은 대기압이 우리 몸을 누르는 만큼, 우리 몸에서도 같은 크기의 압력이 몸 밖으로 작용하기 때문이랍니다.

높은 압력으로 이산화 탄소를 녹여요

탄산음료에는 이산화 탄소가 녹아 있어요. 그런데 기체인 이산화 탄소를 음료에 어떻게 녹일까요? 이때 사용되는 게 바로 압력이에요. 기체는 온도가 낮을수록, 또 압력이 높을수록 더 잘 녹는데요, 탄산음료를 만들 때는 대기압보다 3~4배 더 높은 압력으로 이산화 탄소를 음료에 녹여요. 어마어마한 힘으로 꾹꾹 눌러 이산화 탄소를 억지로 녹인 뒤, 녹아 있는 이산화 탄소가 달아나지 못하도록 뚜껑으로 밀봉하는 거지요. 하지만 뚜껑을 열면 병을 누르던 압력이 사라지고, 갇혀 있던 이산화 탄소가 빠져 나와요. 이때 이산화 탄소가 뽀글뽀글 거품이 되는데요, 이 거품들이 우리 혀를 자극하며 '톡 쏘는 맛'을 느끼게 해 준답니다.

O/X 퀴즈

1. 기체는 압력이 낮을수록 더 잘 녹아요. (O/X)
2. 탄산음료는 대기압보다 훨씬 더 높은 압력으로 이산화 탄소를 음료에 녹여요. (O/X)
3. 탄산음료 병의 뚜껑을 열면 압력이 낮아지면서 이산화 탄소가 빠져 나와요. (O/X)

정답 X, O, O

과학 상식 더하기

높은 하늘에서는 왜 귀가 먹먹해질까?

비행기를 타고 높이 올라가면 우리를 누르는 공기의 양이 줄어들어요. 그래서 대기압, 즉 공기가 누르는 힘이 약해져요. 이때 우리 몸 안의 압력은 땅에 있을 때와 같은데, 몸 밖의 압력은 약해져서 귀 안쪽에서 바깥쪽으로 공기가 밀어내는 힘이 더 강해져요. 그래서 귀가 먹먹해진답니다. 이때 침을 삼키거나 하품을 하면 귀와 코를 연결하는 작은 관이 잠시 열리면서 몸 안팎의 압력이 같아져 먹먹함이 사라져요.

과학 퀴즈

콜라나 사이다의 '톡 쏘는 맛'을 만드는 기체는 무엇일까요?

정답 이산화 탄소

04 김치와 요구르트의 공통점은?

매콤하면서 새콤한 김치와 달콤하면서 부드러운 요구르트, 달라도 너무 다른 이 두 음식에는 놀라운 공통점이 있어요. 바로 '발효'라는 과정을 거쳐 만들어진다는 거예요.

작은 미생물이 만들어 내는 발효의 힘

발효는 아주 작은 생물인 '미생물'이 음식 속에 들어가서 새로운 물질을 만들어 내는 과정이에요. 김치나 요구르트 같은 일부 음식 속에는 '유산균'이라는 미생물이 살고 있어요. 이 유산균이 바로 발효를 일으키는 주인공이에요. 유산균은 음식을 상하게 하는 균을 죽여, 더 오래 보관할 수 있게 도와주는 고마운 존재랍니다. 다만 발효가 일어나면 음식에서 시큼한 맛이 나요. 김치나 요구르트처럼요!

우리 몸속에서 일하는 유산균

유산균이 음식에만 머물러 있는 것은 아니에요. 발효된 음식을 먹으면 유산균은 우리 뱃속, 특히 장으로 들어가요. 그곳에서 나쁜 세균이 자라지 못하게 막아 주고, 우리가 먹은 음식을 잘 소화할 수 있도록 도와줘요. 덕분에 배도 편하고, 똥도 잘 나오게 되지요. 또 유산균은 비타민 같은 좋은 물질도 만들어 준답니다.

O/X 퀴즈

1. 김치와 요구르트는 모두 발효된 음식이에요. (O/X)
2. 유산균은 우리 몸에서 나쁜 세균을 도와주는 역할을 해요. (O/X)
3. 발효는 미생물이 음식 속에서 새로운 물질을 만드는 과정이에요. (O/X)

정답 O, X, O

과학 상식 더하기

유산균은 왜 '좋은 균'이라고 불릴까?

발효 음식을 먹으면, 음식 속에 들어 있던 유산균의 일부가 장 속까지 살아서 도착해요. 그곳에서 유산균은 '젖산'이라는 물질을 만드는데, 젖산은 장 속의 산도를 낮춰 나쁜 균이 살기 어렵게 만들어요. 또 유산균은 스스로 빠르게 늘어나며 자리를 차지해 나쁜 균이 들어오지 못하게 막아요. 뿐만 아니라 장이 잘 움직이도록 도와주고, 비타민 B군 같은 영양소를 만들어 우리 몸을 건강하게 해 주지요.

과학 퀴즈

김치, 요구르트를 만들 때 미생물이 새로운 물질을 만드는 과정은 무엇일까요?

정답 발효

05 달고나를 만들 때 소다를 넣으면 왜 부풀어 오를까?

달고나를 만드는 모습을 보다 보면 어느 순간 녹은 설탕이 크게 부풀어 오르는 것을 볼 수 있어요. 꼭 누가 마법을 부린 것 같지만, 사실 이건 마법이 아니라 과학이에요! 달고나가 부풀어 오르는 원리를 함께 알아볼까요?

달고나가 부풀어 오르는 과학적 이유

달고나는 설탕을 녹인 뒤 베이킹 소다를 넣으면 부풀어요. 그 이유는 베이킹 소다가 열을 받으면 변하는 성질이 있기 때문이에요. 베이킹 소다의 정식 이름은 '탄산수소나트륨'이에요. 이 물질은 뜨거워지면 분해되어 이산화 탄소 기체를 만들어요. 이 기체 방울들이 뜨거운 설탕을 밀어내며 공간을 만들어 달고나를 풍선처럼 부풀게 만드는 거예요. 달고나가 식으면 이산화 탄소가 빠져나가는데, 그 자리에 빈 공간이 생겨 식감이 바삭해진답니다.

베이킹 소다의 숨은 능력

빵이나 쿠키를 만들 때도 달고나를 만들 때와 같은 베이킹 소다의 반응을 볼 수 있어요. 베이킹 소다를 넣은 반죽을 오븐에 넣고 열을 가하면 빵이 부풀어 오르지요. 빵을 만들 때 사용하는 또 다른 재료인 '베이킹파우더'도 베이킹 소다와 원리가 비슷해요. 열을 가하면 반죽 속에 작은 기포를 만들지요. 그래서 빵이나 쿠키가 퍽퍽하지 않고, 폭신하고 부드러워지는 거예요. 다음에 달고나나 빵을 먹게 된다면, 그 속에 기체를 만드는 베이킹 소다의 과학이 숨어 있다는 사실을 떠올려 보세요!

O/X 퀴즈

1. 베이킹 소다는 열을 받으면 기체를 만들어 내는 성질이 있어요. (O/X)
2. 달고나가 부푸는 건 설탕에 소금을 넣어서 생기는 현상이에요. (O/X)
3. 빵 반죽이 오븐에서 부푸는 것도 베이킹 소다에서 생긴 기체 덕분이에요. (O/X)

정답 O, X, O

과학 상식 더하기

베이킹 소다는 누가 처음 만든 걸까?

1846년, 미국의 과학자 오스틴 처치(Austin Church)와 존 드와이트(John Dwight)는 우연히 베이킹 소다를 가루 형태로 만들었어요. 이전에는 빵을 부풀리기 위해 발효를 오래 기다려야 했지만, 베이킹 소다가 널리 쓰이게 되면서 짧은 시간에도 폭신한 빵을 만들 수 있게 되었답니다.

숨은그림찾기

초등학교 운동장에 숨은 그림을 모두 찾아보세요!

숨은 그림

- □ 사탕
- □ 젓가락
- □ 양
- □ 달고나
- □ 가위

정답

06 고기, 치즈, 다시마의 공통점은?

우리가 음식을 먹을 때 느낄 수 있는 맛에는 어떤 게 있을까요? 보통 단맛, 짠맛, 신맛, 쓴맛 이렇게 네 가지 맛을 떠올릴 거예요. 그런데 여기에 '감칠맛'이라는 다섯 번째 맛이 있다는 사실, 알고 있나요?

감칠맛은 어떤 맛일까요?

감칠맛은 고기 국물이나 다시마 육수처럼 국물 요리를 먹을 때 느낄 수 있는 진하고 깊은 맛이에요. 이 맛은 '글루탐산'이라는 성분 때문에 생기는데요, 글루탐산은 단백질이 많은 음식에 들어 있어요. 그래서 해산물, 고기, 발효 식품 등을 먹을 때 주로 감칠맛을 느낄 수 있지요. 사실 혀에는 아주 작고 동글동글한 미뢰(맛봉오리)가 있고, 그 안에는 맛세포가 들어 있어요. 음식을 먹으면 음식 속 성분이 맛세포를 자극하고, 맛세포는 뇌에 신호를 보내요. 그 결과, 우리는 "국물이 진하고 맛있다!" 또는 "사탕이 달다!"라고 맛을 느끼게 되는 거랍니다.

감칠맛은 왜 몸에 좋을까요?

감칠맛은 단순히 맛있게 느껴지기만 하는 게 아니에요. 감칠맛을 내는 글루탐산은 단백질을 이루는 성분 중 하나인데요, 이 감칠맛을 통해 우리 뇌는 "이 음식엔 좋은 영양소가 들어 있어!"라고 알아차리게 돼요. 또 감칠맛이 강하면 짠맛이나 단맛을 적게 넣어도 음식이 충분히 맛있게 느껴져요. 그래서 감칠맛을 활용하면 요리를 더 건강하게 만들 수 있답니다.

O/X 퀴즈

1. 감칠맛은 단맛, 짠맛, 신맛, 쓴맛에 이어 다섯 번째로 인정된 맛이에요. (O/X)
2. 감칠맛을 느끼게 하는 성분은 글루탐산이고, 이것이 맛세포를 자극해요. (O/X)
3. 혀에는 아주 작은 맛봉오리가 있고, 그 안에 맛세포가 들어 있어요. (O/X)

정답 O, O, O

과학 상식 더하기

단백질은 왜 우리 몸에 꼭 필요할까?

우리 몸이 건강하기 위해서는 여러 가지 영양소가 필요해요. 그중에서도 단백질은 우리 몸을 만드는 아주 중요한 재료예요. 근육, 피부, 머리카락, 심지어 피 속에 있는 작은 물질까지 대부분 단백질로 이루어져 있어요. 또 단백질은 우리 몸을 병으로부터 지켜 주는 항체, 음식의 소화를 돕는 효소를 만드는 데도 쓰여요. 그래서 단백질이 부족하면 몸이 약해지고, 감기에 잘 걸리기도 한답니다.

과학 상식툰

07 엄마가 만든 음식은 왜 더 맛있게 느껴질까?

혹시 같은 음식을 먹었는데 어떤 날은 정말 맛있고, 어떤 날은 별로였던 경험이 있나요? 사실 우리가 맛을 느끼는 데는 혀뿐만 아니라 뇌와 감정도 큰 역할을 해요. 실제로 과학자들이 뇌가 감정과 기억을 통해 음식의 맛을 달리 느끼게 한다는 사실을 밝혀냈어요.

혀로만 맛을 느끼는 게 아니에요

우리는 흔히 단맛, 짠맛, 신맛, 쓴맛, 감칠맛 같은 다섯 가지 맛을 혀로 느낀다고 배웠어요. 하지만 실제로 맛을 느낄 때, 뇌와 감정도 함께 작용한답니다. 예를 들어, 생일날 엄마가 만들어 준 미역국은 더 맛있게 느껴지지 않나요? 그건 혀가 아니라 사랑받은 기억과 감정이 뇌에 남아 있기 때문이에요. 뇌는 좋은 감정을 기억하고, 그때 먹었던 음식을 더 맛있었다고 느끼게 만들어요.

기분이 좋아야 음식도 더 맛있어요

배고플 때, 기분이 좋을 때, 좋아하는 사람과 함께 먹을 때 음식이 훨씬 더 맛있어요. 그 이유는 바로 뇌에서 '도파민'이라는 행복 물질이 나오기 때문이에요. 도파민은 기분을 좋게 만들어 주고, 음식이 더 맛있게 느껴지도록 해 주어요. 그래서 혼자 먹는 밥보다 친구들과 웃으며 먹는 급식이 더 맛있는 거예요. 기억과 감정을 불러일으키는 뇌의 작용이 맛을 결정짓는 중요한 열쇠인 셈이에요.

O/X 퀴즈

1. 우리는 혀로만 맛을 느끼기 때문에 기분은 맛에 영향을 주지 않아요. (O/X)
2. 엄마가 만들어 준 음식을 더 맛있게 느끼는 이유는 사랑받은 기억 때문일 수 있어요. (O/X)
3. 친구들과 웃으며 밥을 먹으면 뇌에서 행복 물질이 나와서 맛이 더 좋아질 수 있어요. (O/X)

정답 X, O, O

과학 상식 더하기

도파민은 왜 '행복 물질'이라고 불릴까?

우리 몸에는 감정을 조절하고 기분을 좋게 만드는 여러 가지 화학 물질이 있어요. 그중 하나가 바로 도파민이에요. 도파민은 뇌에서 만들어지는 신경 전달 물질인데, 기쁠 때나 뭔가를 해냈을 때 나와요. 재미있는 게임을 하거나 맛있는 음식을 먹으면 뇌는 좋다고 도파민을 내보내요. 그러면 우리는 그 일을 다시 하고 싶어지지요. 도파민이 적절히 나오면 삶이 즐겁고 활기차지만, 도파민에 너무 의존하면 중독될 수 있어서 주의해야 해요.

과학 퀴즈

기분이 좋아질 때 뇌에서 나오는 '행복 물질'의 이름은 무엇일까요?

정답 도파민

08 투명한 계란 흰자는 어떻게 폭신한 머랭이 될까?

계란 흰자를 계속 빠르게 휘저으면 하얗고 폭신한 거품이 된다는 사실을 알고 있나요? 처음엔 투명하고 미끌미끌하던 액체가 어느새 폭신한 구름처럼 부풀어 오르지요. 대체 어떻게 그럴 수 있을까요?

단백질이 구조를 풀고 움직여요

계란 흰자에는 단백질 분자들이 많이 들어 있어요. 원래 이 단백질들은 엉켜서 조용히 웅크리고 있어요. 그런데 우리가 힘을 주어 흰자를 휘저으면, 단백질들이 엉킨 구조를 풀고 길게 펴지기 시작해요. 이렇게 펴진 단백질은 휘저을 때 생긴 공기 방울을 감싸면서 서로 연결돼요. 이때 만들어진 단백질의 구조가 마치 튼튼한 벽처럼 작용해서, 흰자 속에 들어온 공기를 붙잡고 놓아주지 않아요. 그래서 흰자가 점점 부풀어 올라 부드러운 거품으로 변신하는 거랍니다.

거품은 단백질과 공기의 작품이에요

원래 단백질은 물에 녹아 있는 상태지만, 휘젓는 힘을 주면 모양이 바뀌고 서로 엉켜서 새로운 구조를 만들어요. 계란 흰자를 계속 저으면, 점점 공기가 많이 들어가고 단백질은 그 주위를 감싸게 돼요. 이렇게 만들어진 거품은 케이크나 머랭 과자처럼 다양한 요리에 쓰여요. 우리는 물리적인 힘(휘젓기)을 주었고, 단백질은 그 힘을 받아 모양을 바꾼 뒤 공기와 힘을 합쳐 새로운 구조를 만든 거예요. 이런 거품 만들기는 요리뿐만 아니라 과학 실험에서도 이용돼요. 단백질의 성질이 어떻게 변하는지를 관찰할 때 자주 사용되지요.

O/X 퀴즈

1. 계란 흰자를 저으면 단백질이 구조를 풀고 공기와 만나 새로운 구조를 만들어요. (O/X)
2. 거품이 생기는 건 설탕 때문이고, 단백질과 공기는 아무 관련이 없어요. (O/X)
3. 단백질은 공기 방울을 감싸며 서로 연결되어 단단한 벽을 만들어요. (O/X)

정답 O, X, O

과학 상식 더하기

단백질은 왜 모양이 변할까?

단백질은 원래 복잡하게 접혀 있는 상태로 몸속이나 음식 속에 있어요. 그런데 열을 가하거나 세게 저으면 단백질이 원래의 모양을 잃고 길게 풀리면서 서로 엉키기 시작해요. 많은 과학자들은 단백질이 우리 몸에서 어떤 기능을 하고 어떻게 변하는지 연구했어요. 단백질이 구조를 바꾸면 기능도 달라지기 때문에, 요리나 약 개발 같은 다양한 분야에서 활용할 수 있기 때문이지요.

숨은그림찾기

어수선한 실험실에 숨은 그림을 모두 찾아보세요!

숨은 그림

- □ 집게
- □ 자
- □ 포크
- □ 숟가락
- □ 거품기

정답

09 달고나 커피는 어떻게 만들어질까?

달고나 커피는 우유 위에 달고나 맛이 나는 커피 크림을 올려 만들어요. 커피와 설탕을 물에 녹인 뒤 오랫동안 휘저으면 달콤 쌉쌀한 커피 크림이 완성되는데요, 몽글몽글 거품 가득한 커피 크림은 어떻게 만들어질까요?

단백질이 만든 '거품 마법'

달고나 커피를 만들 때 가장 중요한 건 바로 '휘젓기'예요. 커피 가루에는 단백질이 조금 들어 있는데, 이 단백질이 바로 주인공이에요. 뜨거운 물과 설탕, 커피 가루를 함께 섞고 계속 저으면 공기가 안으로 들어오면서 부풀어 올라요. 이때 단백질이 물과 공기 사이에서 다리 역할을 해 주기 때문에 거품이 쉽게 꺼지지 않아요. 물과 공기처럼 서로 잘 섞이지 않는 물질을 하나로 섞어 주는 작용을 '유화 작용'이라고 해요. 유화 작용 덕분에 달고나 커피는 보송보송한 거품을 오랫동안 유지할 수 있는 거예요.

마요네즈도 거품 마법으로 만들어진다고?

달고나 커피와 비슷한 과학 원리가 숨어 있는 음식이 또 있어요. 바로 마요네즈예요. 마요네즈는 기름과 식초처럼 잘 섞이지 않는 재료로 만들어요. 그런데 여기에 달걀 노른자를 넣으면 부드럽게 섞여서 크림처럼 변해요. 왜 그럴까요? 달걀 노른자에 들어 있는 '레시틴'이라는 특별한 성분이 기름과 식초가 서로 잘 어울릴 수 있게 도와주기 때문이에요. 이게 바로 유화 작용이에요. 다음에 달고나 커피나 마요네즈를 보면 "오! 이건 유화 작용이구나!" 하고 떠올려 보아요.

O/X 퀴즈

1. 달고나 커피 속 거품은 단백질이 물과 공기 사이를 떨어뜨려서 생겨요. (O/X)
2. 마요네즈의 재료인 기름과 식초는 원래 서로 잘 섞여요. (O/X)
3. 달고나 커피와 마요네즈는 '유화 작용'이라는 비슷한 과학 원리를 가지고 있어요. (O/X)

정답 X, X, O

과학 상식 더하기

기름때가 싹! 세탁에도 유화 작용이 있다고!

음식물을 흘리거나 땀이 나면 옷에 기름때가 묻어요. 그런데 물로만 씻으면 잘 지워지지 않아요. 기름과 물은 원래 잘 섞이지 않기 때문이지요. 하지만 세제를 넣으면 기름때가 싹 사라져요. 이는 세제 속 특별한 물질이 기름과 물을 이어 주어, 기름때가 물에 섞여 빠져나갈 수 있게 돕기 때문이에요. 이 원리는 달고나 커피, 마요네즈, 로션, 립밤, 아이스크림을 만들 때도 쓰여요.

과학 상식툰

10 아이스크림이 녹으면 왜 더 달콤하게 느껴질까?

아이스크림을 다 먹고 난 뒤, 컵이나 막대에 남아 있는 녹은 부분을 먹어 본 적 있나요? 녹은 아이스크림이 처음 먹었을 때보다 훨씬 달콤해서 깜짝 놀랄 때도 있지요. 그런데 그건 기분 탓이 아니라 혀에 숨겨진 비밀 때문이랍니다.

혀는 어떻게 맛의 차이를 느끼는 걸까요?

우리 혀에는 맛을 느끼는 '미뢰'라는 기관이 있어요. 미뢰는 뇌에 정보를 전달해 음식의 맛을 느끼게 해 주지요. 그런데 아주 차가운 음식이 혀에 닿으면 미뢰의 활동이 잠시 둔해져 단맛을 제대로 느끼지 못해요. 그래서 꽁꽁 얼어 있는 아이스크림은 설탕이 많이 들어 있어도 처음엔 덜 달게 느껴지는 거예요. 하지만 녹아서 미지근해지면 미뢰가 다시 활발해져 원래의 단맛을 더 잘 느끼게 된답니다.

처음부터 달콤하게 만드는 비밀

사실 아이스크림을 만드는 사람들도 우리 혀의 이런 비밀을 잘 알고 있어요. 그래서 얼어 있을 때에도 사람들이 충분히 달다고 느끼도록 설탕을 넉넉히 넣어 만들어요. 만약 녹았을 때의 단맛을 기준으로 아이스크림을 만든다면 얼어 있을 땐 거의 단맛을 느끼지 못할 수 있기 때문이에요. 결국 아이스크림이 녹으면 더 달게 느껴지는 이유는 설탕의 양 때문이 아니라, 차가운 온도에 둔감해졌던 혀가 제 기능을 되찾아 숨어 있던 단맛을 비로소 느끼기 때문이에요.

O/X 퀴즈

1. 아주 차가운 음식은 혀의 미뢰 활동을 둔하게 만들 수 있어요. (O/X)
2. 아이스크림은 얼어 있을 때보다 미지근할 때 단맛이 더 잘 느껴져요. (O/X)
3. 녹은 아이스크림이 더 달게 느껴지는 이유는 설탕의 양이 늘어나기 때문이에요. (O/X)

정답 O, O, X

과학 상식 더하기

미뢰는 어디에 숨어 있을까?

미뢰는 사실 혀뿐만 아니라 입천장, 목구멍, 심지어 볼 안쪽 점막에도 있어요. 미뢰는 혀에 제일 많이 몰려 있는데, 혀끝은 단맛, 양옆은 신맛, 뒤쪽은 쓴맛에 더 민감하답니다. 한편 나이가 들면서 미뢰의 수가 줄어들고 기능도 약해지기 때문에 어른보다 아이들이 맛에 더 민감한 경우가 많아요. 그래서 같은 음식을 먹어도 아이들이 더 달고, 더 짜게 느낄 수 있답니다.

선으로 이어요

보기의 설명과 어울리는 단어를 선으로 연결해 보세요.

① 아이스크림이 녹았을 때 더 잘 느껴지는 맛	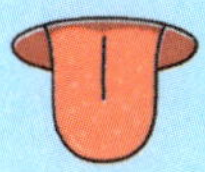 미뢰
② 음식의 정보를 뇌에 전달해 맛을 느끼게 하는 기관	 단맛

정답 ①-단맛, ②-미뢰

시미쌤과 함께하는 과학 글쓰기 ①

초콜릿은 왜 녹을까? 그리고 왜 입속에서 더 잘 녹을까?

구영: 나 이번 과학 시간에 녹는다는 개념을 처음 알았어.

그리: 그래? 초콜릿은 그냥 책상에 두면 빨리 안 녹는데 입에서는 금방 녹아. 이것도 과학이야?

구영: 맞아! 초콜릿은 약 30~34℃에서 녹는대. 사람 체온이 36.5℃니까 입속에서 금방 녹는 거지!

그리: 그럼 이건 물질이 열을 받아 상태가 바뀌는 물리 변화인 거네!

구영: 응! 입속 온도는 초콜릿의 녹는점보다 높아서 초콜릿이 액체로 바뀌는 거야.

글쓰기 단서를 참고해서 글을 써 볼까요?

■ 단서 ① 녹는점

초콜릿은 사람의 입속보다 낮은 온도에서 녹아요. 초콜릿 안에는 '코코아버터'라는 기름 성분이 들어 있어요. 이 성분은 평균적으로 약 32℃에서 녹기 시작하는데, 사람의 입속은 36℃ 정도로 더 따뜻해요. 그래서 초콜릿이 입에 들어가면 금방 '사르르~' 하고 녹는 거예요!

■ 단서 ② 물리 변화

초콜릿이 입속에서 사르르 녹는 이유는 '물리 변화' 때문이에요. 물리 변화는 모양이나 상태만 바뀌고, 성분은 그대로인 변화를 말해요. 예를 들어, 얼음이 물로 변하거나, 초콜릿이 녹는 것처럼 말이에요. 반대로 '화학 변화'는 물질 자체가 새롭게 바뀌는 거예요. 예를 들면, 나무가 불에 타서 재가 되거나, 계란을 익히는 것처럼 다시 되돌릴 수 없는 것이지요.

■ 단서 ③ 온도 차이

책상 위보다 입속이 더 따뜻해서 차이가 생겨요! 초콜릿을 책상 위에 둬도 잘 안 녹는 이유는 초콜릿이 녹기 시작하는 온도가 보통 방 안의 온도보다 높기 때문이에요. 그런데 입속은 더 따뜻해서 36℃ 정도 되기 때문에 초콜릿이 잘 녹아요. 같은 초콜릿이라도 주변 온도에 따라 녹는 속도도 달라진답니다!

보고서 개요

차가운 초콜릿을 입에 넣었을 때, '어? 왜 이렇게 부드럽게 녹지?' 하고 놀란 적이 있지 않나요? 책상 위에 두면 잘 안 녹는 것 같은데, 입에만 들어가면 사르르 사라지는 느낌! 너무 신기해서 저는 그 이유를 꼭 알아보고 싶었어요.

보고서 본문

처음엔 그냥 '맛있어서 그렇겠지!' 하고 생각했지만, 조금 더 자세히 알아보니 과학적인 이유가 숨어 있었어요. 이제부터 그 이유를 두 가지로 나누어 설명해 볼게요.

① 첫 번째로는

② 두 번째로는

220쪽에서 모범 답안을 확인해 보세요.

11 떼고 싶은 딱지, 알고 보니 천연 밴드라고?

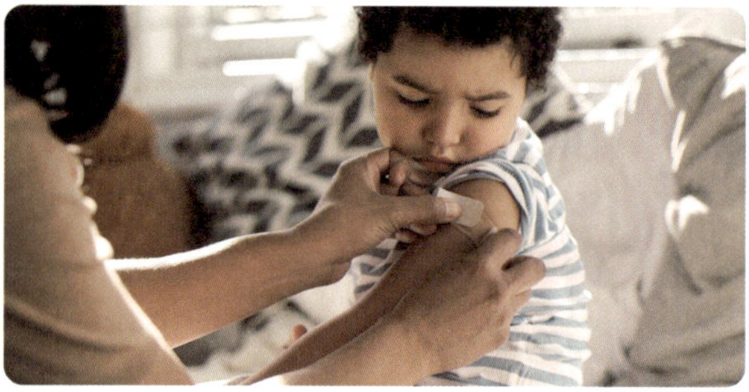

놀이터에서 넘어져 무릎이 까진 적이 있나요? 상처가 나면 처음엔 피가 나지만, 시간이 지나면서 피가 멈추고 딱지가 생겨요. 이건 다 우리 몸속의 작은 영웅, 혈소판 덕분이에요!

상처에 모여드는 혈소판

피 속에는 중요한 세 친구들이 살고 있어요. 적혈구, 백혈구, 그리고 오늘의 주인공인 혈소판이에요. 혈소판은 상처가 생기면 제일 먼저 달려가요. 그물 형태로 서로서로 엉겨 붙어서 상처를 막고, 피가 더 이상 흐르지 않게 해 주어요. 얼마 뒤, 그 위에 단단한 막이 생기는데, 그게 바로 딱지예요. 딱지는 단순한 껍질이 아니라 우리 몸이 만든 천연 보호막이에요. 딱지가 상처를 덮고 있는 동안 그 안에서는 새살이 조용히 자라고 있답니다.

딱지를 억지로 떼면 안 돼요

딱지는 피부를 세균이나 먼지로부터 지켜 주는 뚜껑 역할을 해요. 그런데 새살이 아직 다 자라기도 전에 딱지를 억지로 떼어 내면 속살이 드러나게 돼요. 그때 손에 있거나 공기 중에 떠다니던 세균이 상처 속으로 들어갈 수 있어요. 세균은 아주 작아서 눈에 보이지 않지만 우리 몸에 들어오면 상처를 빨갛게 붓게 만들고, 진물이 나게 해요. 상처가 덧나면 더 오래 아프고, 심하면 약을 바르거나 병원에 가야 해요. 또 흉터가 생기기도 하지요. 그러니까 딱지는 절대 손으로 떼지 말고, 자연스럽게 떨어질 때까지 기다리는 게 좋아요.

O/X 퀴즈

1. 혈소판은 상처가 생기면 그 자리에 모여 피가 멈추게 도와줘요. (O/X)
2. 세균이 상처 속으로 들어오면 상처가 덧날 수 있어요. (O/X)
3. 딱지는 되도록 빨리 떼어 내야 상처가 더 빨리 아물어요. (O/X)

정답 O, O, X

과학 상식 더하기

혈소판은 상처만 막는 게 아니야!

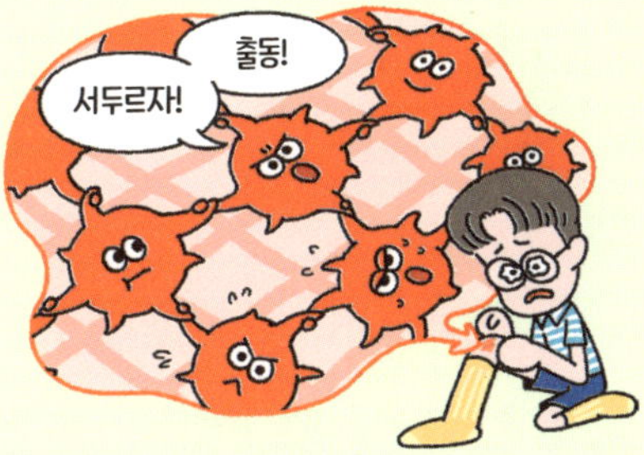

혈소판은 피부 바깥에 난 상처를 막아 줄 뿐만 아니라 몸속에서 생기는 보이지 않는 출혈을 막아 주기도 해요. 운동하다가 부딪히거나 넘어졌을 때 드는 멍은 피부 아래 아주 작은 혈관이 다쳐서 생기는데요. 이때 혈소판이 빠르게 출동해서 안쪽에서 피가 퍼지는 걸 막고, 혈관이 다시 잘 붙을 수 있게 도와준답니다.

과학 퀴즈

몸에 상처가 생겼을 때 피를 멈추게 하는 작은 영웅은 무엇일까요?

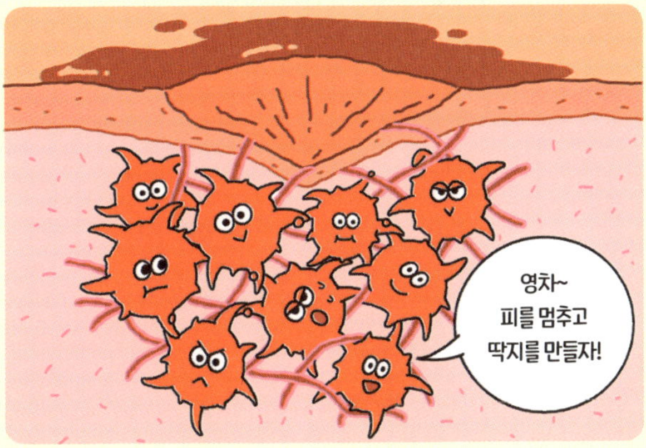

정답 혈소판

12 열이 난다고 무조건 나쁜 건 아니야!

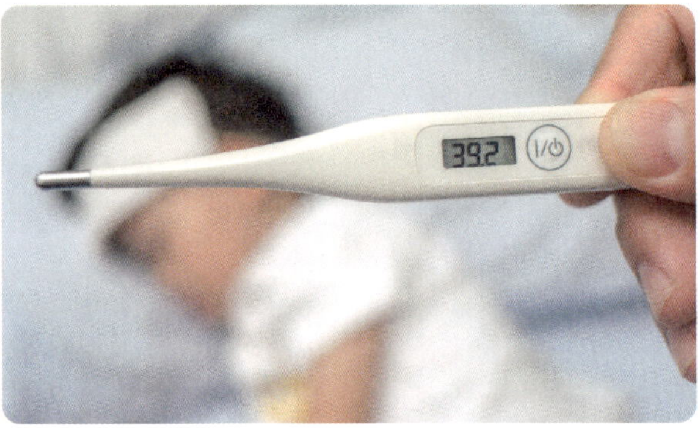

감기에 걸리거나 몸이 아플 때 열이 난 적 있지요? 몸이 뜨겁고 기운이 없어서 힘들었을 거예요. 그런데 사실 열이 나는 것은 우리 몸이 병균과 싸우기 위해 펼치는 비밀 작전이에요. 몸이 아프면 왜 열이 날까요?

열이 나는 건 몸이 싸우고 있다는 신호예요

사실 몸이 아플 때 나는 열은 우리를 아프게 하는 것이 아니라, 오히려 우리를 지키기 위한 신호랍니다. 몸에 바이러스나 세균 같은 나쁜 침입자가 들어오면, 우리 몸은 그걸 없애기 위해 열을 내뿜는 발열 작전을 시작해요. 병균은 대부분 온도 변화에 약해요. 그래서 몸의 온도를 평소보다 조금 높이면, 나쁜 세균이나 바이러스의 활동을 막을 수 있어요. 또 열이 나는 것 자체가 몸속 면역 세포들에게 적이 들어왔다고 알리는 싸움 개시 신호이기도 해요.

열이 나면 면역 세포들이 더 힘을 내요

우리 몸속에는 면역 세포라는 멋진 수비수들이 있어요. 면역 세포들은 평소에도 몸속을 순찰하면서 세균이나 바이러스가 들어오는 걸 막고 있어요. 그런데 몸의 온도가 올라가면 면역 세포들이 더 빠르고 힘차게 움직여요. 바이러스를 찾는 속도도 빨라지고, 싸우는 힘도 강해지지요. 그래서 발열은 몸이 더 잘 싸우도록 도와주는 작전인 거예요. 물론 열이 너무 높거나 오래 지속되면 위험할 수 있어서 병원에 가야 하지만, 약간의 열은 우리 몸이 스스로 병과 싸우고 있다는 좋은 신호예요.

O/X 퀴즈

1. 면역 세포는 우리 몸에 들어온 세균이나 바이러스를 없애기 위해 싸워요. (O/X)
2. 열이 나는 건 나쁜 일이라서 무조건 열을 바로 내리는 것이 중요해요. (O/X)
3. 열이 나면 바이러스나 세균이 더 잘 자라고 더 강해져요. (O/X)

정답 O, X, X

과학 상식 더하기

우리 몸엔 먹는 세포가 살고 있다?

감기에 걸리거나 몸에 세균이 들어오면, '대식 세포'라 불리는 몸속 면역 세포들이 움직이기 시작해요. 이 세포는 몸속에 들어온 세균이나 바이러스를 통째로 먹어 치워요. 세균이 몸속에 들어오면 대식 세포는 근처로 가서 세균을 꿀꺽 삼켜요. 그다음 세균을 천천히 녹여 없애 버리지요. 게다가 여기 적이 있다며 다른 면역 세포들에게 알려 주기도 한답니다.

선으로 이어요

보기의 설명과 어울리는 단어를 선으로 연결해 보세요.

① 상처가 나면 가장 먼저 달려와 피를 멈추는 친구	 혈소판
② 혈소판이 만든 그물 위에 생긴 단단한 보호막	 세균
③ 대식 세포의 먹이로, 상처를 덧나게 하는 것	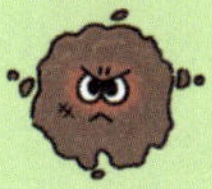 딱지

정답 ①-혈소판, ②-딱지, ③-세균

13 딸꾹질은 어떻게 시작되고, 어떻게 멈출까?

갑자기 "딸꾹!" 하고 소리가 나서 깜짝 놀란 적 있나요? 사람들은 딸꾹질이 단순히 목에서 나는 소리라고 생각하기 쉽지만 사실 우리 몸속 근육이 갑자기 움직이면서 소리가 나는 과학적인 현상이에요.

횡격막이 깜짝 놀라면 생기는 현상이에요

딸꾹질은 가슴과 배 사이에 있는 '횡격막'이라는 근육이 갑자기 수축하면서 생겨요. 횡격막은 우리가 숨을 쉴 때 위아래로 움직이며 공기를 들이마시게 도와주는 아주 중요한 근육이에요. 그런데 차가운 물을 마시거나 밥을 너무 빨리 먹으면 횡격막이 깜짝 놀란 것처럼 갑자기 오그라들어요. 이때 공기가 빠르게 폐로 들어오고, 소리를 내는 기관인 성대가 순간적으로 닫히면서 "딸꾹!" 하는 소리가 나는 거예요. 이건 몸이 자동으로 반응하면서 생기는 근육 반사 작용이지요. 즉, 딸꾹질은 횡격막의 갑작스러운 움직임이 만든 특별한 몸의 신호랍니다.

딸꾹질을 멈추는 방법도 과학이에요

딸꾹질이 날 때 숨을 참거나 물을 천천히 마시면 딸꾹질이 잦아들 수 있어요. 이런 방법에도 다 과학적인 원리가 숨어 있지요. 예를 들어, 숨을 잠깐 참으면 몸 안의 이산화탄소 농도가 높아져요. 그러면 뇌가 횡격막에 천천히 움직이라고 다시 신호를 보내게 돼요. 또 물을 천천히 마시거나, 코를 막고 물을 삼키는 방법은 횡격막과 연결된 신경에 영향을 줘서 과도한 경련을 멈추도록 도와준답니다.

O/X 퀴즈

1. 딸꾹질을 멈추게 하려면 숨을 빠르게 쉬며 헐떡거리는 것이 좋아요. (O/X)
2. 딸꾹질은 가슴과 배 사이에 있는 횡격막이라는 근육이 갑자기 수축하면서 생겨요. (O/X)
3. 딸꾹질이 날 때 숨을 참거나 물을 천천히 마시면 딸꾹질이 잦아들 수 있어요. (O/X)

정답 X, O, O

과학 상식 더하기

우리가 숨 쉴 수 있는 건 횡격막 덕분이야!

횡격막은 가슴과 배 사이에 있는 둥근 모양의 근육으로, 숨을 쉴 때마다 위아래로 움직이며 폐를 도와줘요. 숨을 들이마실 때는 횡격막이 아래로 내려가면서 폐가 부풀 수 있는 공간을 만들어요. 그 덕분에 공기가 코를 타고 폐 속으로 쏙 들어오지요. 또 숨을 내쉴 때는 횡격막이 다시 올라가면서 폐를 눌러 공기를 밀어내요. 이렇게 횡격막은 매일매일 쉴 새 없이 움직이며 숨 쉬는 일을 도와준답니다.

과학 퀴즈 - 난센스

딸꾹질이 제일 싫어하는 춤은 뭘까요?

정답 멈춤

14 아침에 일어나면 왜 더 키가 클까?

혹시 아침에 자고 일어나서 키가 커졌다고 느낀 적 있나요? 사실 느낌만 그런 게 아니에요. 실제로 아침에 키를 재면 전날 저녁에 키를 쟀을 때보다 좀 더 크게 측정된답니다.

자는 동안 디스크가 펴져요

척추뼈를 보면 뼈와 뼈 사이에 '디스크'라는 말랑말랑한 연골이 있어요. 디스크는 우리가 서 있거나 움직일 때 몸을 지탱해 주고 충격을 줄여 주는 쿠션 역할을 해요. 그래서 활동이 많은 낮 동안에는 중력 때문에 디스크가 눌리면서 키가 약간 줄어들지요. 하지만 밤에 누워서 자는 동안 중력의 영향을 덜 받아서 디스크가 원래 두께로 회복돼요. 그래서 아침에 일어나면 키가 살짝 더 커져 있답니다.

잠은 키 성장에 꼭 필요해요

디스크가 펴져서 키가 커 보이는 경우도 있지만, 자는 동안 진짜로 키가 자라기도 해요. 우리 몸에서는 '성장 호르몬'이라는 특별한 물질이 나오는데, 이 호르몬은 뼈와 근육이 자라도록 도와줘요. 특히 성장 호르몬은 뼈 끝에 있는 성장판에 신호를 보내, 뼈를 자라게 해요. 그 덕분에 뼈가 길어지고, 키도 쑥쑥 자랄 수 있는 거예요. 특히 밤 10시부터 새벽 2시 사이엔 성장 호르몬이 많이 나와요. 그래서 이 시간에 깊게 자는 것이 정말 중요하답니다. 성장판이 완전히 닫히면 아무리 성장 호르몬이 신호를 보내도 더 이상 뼈가 자라지 않아요. 그러니까 키가 크고 싶은 친구라면 성장판이 닫히기 전에 일찍 자는 습관을 갖는 게 좋아요.

O/X 퀴즈

1. 아침에 키를 재면 밤보다 조금 더 크게 나올 수 있어요. (O/X)
2. 키가 빨리 크고 싶다면 밤새 게임을 하면서 성장판을 자극해야 해요. (O/X)
3. 사람은 자는 동안 뼈 사이의 디스크가 펴지면서 키가 조금 커지기도 해요. (O/X)

정답 O, X, O

과학 상식 더하기

디스크는 왜 우리 몸에 꼭 필요할까?

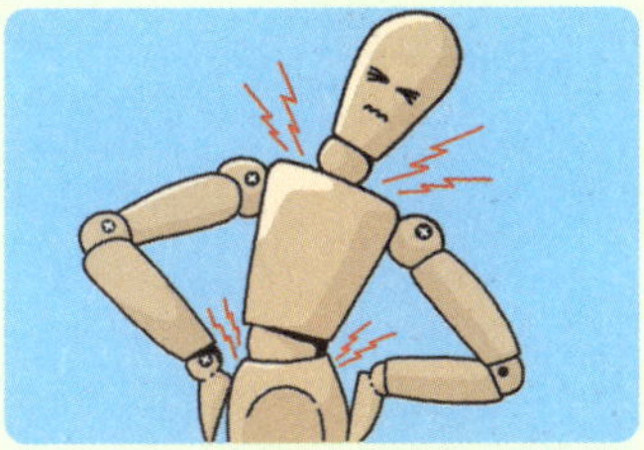

디스크는 우리 몸이 움직일 때 충격을 줄여 주고, 허리를 구부리거나 돌릴 수 있게 도와주는 역할을 해요. 또 우리가 서 있거나 무거운 물건을 들 때 척추에 가해지는 무게를 나누어 주는 고마운 친구랍니다. 디스크가 없다면 우리는 똑바로 서 있는 것도 힘들고, 몸을 자유롭게 움직이는 것도 어려울 거예요. 디스크는 마치 우리 몸의 푹신한 스프링 쿠션과도 같아요.

숨은그림찾기

침실에 숨은 그림을 모두 찾아보세요!

숨은 그림

- ☐ 햄버거
- ☐ 운동화
- ☐ 랜턴
- ☐ 물안경
- ☐ 자

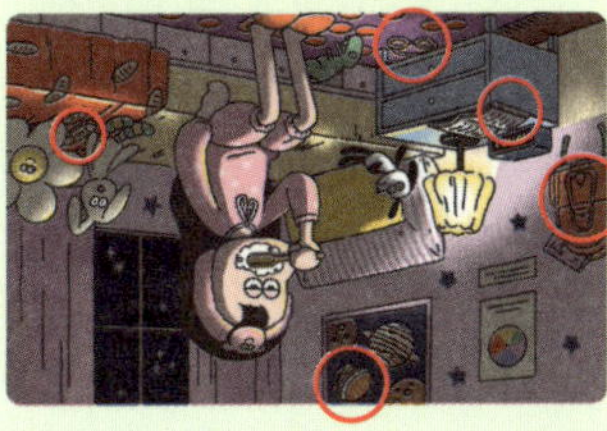

정답

15 내가 먹은 햄버거는 어디로 갔을까?

맛있게 먹은 햄버거는 대체 우리 몸의 어디로 갈까요? 음식은 마법처럼 사라지는 게 아니라, 몸속 구석구석을 여행하며 여러 과정을 거쳐요. 소화 기관이라는 친구들이 음식을 잘게 부순 뒤, 몸에 좋은 영양분은 흡수하고 나머지는 몸 밖으로 내보낸답니다. 그럼 햄버거의 여행을 따라가 볼까요?

소화 여행, 입구는 어디일까요?

햄버거의 여행은 입에서부터 시작돼요. 입속으로 들어온 햄버거는 치아가 잘게 부수고, 침이 섞이면서 부드러워져요. 침은 탄수화물을 분해하는 역할도 해요. 혀가 음식을 목으로 밀어 넣으며 소화가 시작돼요.

소화 기관, 각자 맡은 역할이 있어요

위에 음식이 도착하면 위액이 나와서 단백질을 분해하고, 강한 근육의 움직임으로 음식을 더 잘게 부숴요. 그렇게 걸쭉해진 음식은 이제 소장으로 이동해요. 소장은 음식 속에 있는 탄수화물, 단백질, 지방 같은 영양소를 잘게 나누어 몸속으로 흡수시켜요. 특히 소장은 길이가 무척 길고 안쪽이 주름져 있어서, 음식이 천천히 지나가며 영양소를 충분히 흡수할 수 있어요. 흡수된 영양소는 피를 타고 우리 몸 구석구석으로 전달돼요. 우리 몸에 힘을 주는 연료가 되는 거예요. 마지막으로 대장이 등장해요. 소장에서 남은 찌꺼기를 받아 수분을 흡수하고, 나머지는 똥으로 만들어 몸 밖으로 내보내요. 이렇게 햄버거의 긴 소화 여행이 끝이 나요.

O/X 퀴즈

1. 소장은 영양소를 흡수하는 아주 중요한 기관이에요. (O/X)
2. 음식은 입에서부터 소장, 위, 대장을 차례로 지나며 소화돼요. (O/X)
3. 위에서는 음식에 위액이 섞이면서 단백질을 분해해요. (O/X)

정답 O, X, O

과학 상식 더하기

소장은 어떻게 영양소를 흡수할까?

우리가 먹은 음식은 위를 지나 소장에 도착해요. 소장의 안쪽을 자세히 보면 '융털'이라는 아주 작은 돌기들이 가득 나 있어요. 융털은 마치 수세미가 물을 흡수하듯 음식에 녹아 있는 단백질, 지방, 탄수화물, 비타민 등을 몸속으로 쏙쏙 빨아들여요. 이렇게 흡수된 영양소는 피를 타고 온몸으로 퍼져 우리가 뛰고, 걷고, 생각하고, 성장하는 데 꼭 필요한 에너지와 재료가 돼요.

과학 상식툰

16 매운맛은 맛이 아니라 아픈 감각이라고?

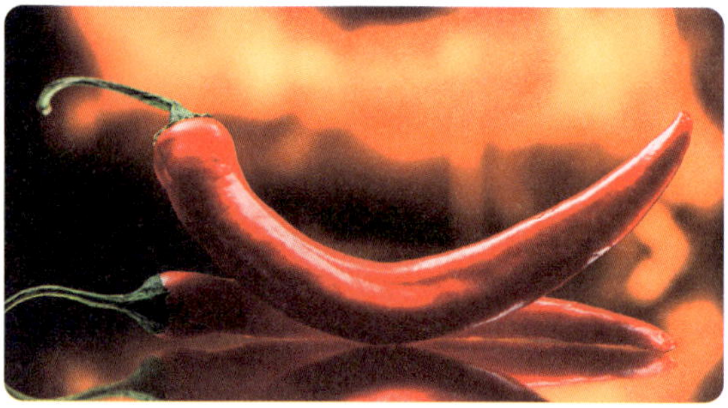

매운 음식을 좋아하는 친구들이 있나요? 아마 혀가 아프고 얼굴이 빨개질 만큼 맵지만 또 먹고 싶어지는 이상한 경험을 한 적이 있을 거예요. 하지만 놀랍게도 우리가 느끼는 '매운맛'은 진짜 맛이 아니랍니다!

맛이 아니라 아픈 감각이에요

우리 혀에는 단맛, 짠맛, 신맛, 쓴맛, 감칠맛을 느끼는 '미뢰(맛봉오리)'라는 작은 기관이 있어요. 이 미뢰는 맛세포가 모여 있는 곳인데, 맛세포는 음식 속의 특별한 성분을 감지해서 우리가 무슨 맛을 느끼는지 알려 줘요. 하지만 매운맛은 이 맛세포가 아니라 '통증을 느끼는 신경'이 반응하는 감각이에요. 고추처럼 매운 음식에 들어 있는 '캡사이신'이라는 성분이 이 통증 세포를 톡톡 자극해서 아픈 느낌이 들게 만들지요. 그래서 입속이 얼얼하고 콧물이 나며, 땀이 나기도 해요.

아픈데 왜 또 생각날까요?

이렇게 아픈데도 어떤 사람들은 일부러 매운 음식을 찾아 먹어요. 왜 그럴까요? 그건 바로 매운 음식을 먹을 때 우리 뇌가 '엔도르핀'이라는 특별한 물질을 만들기 때문이에요. 캡사이신이 통증을 일으키면, 우리 몸은 스트레스를 줄이기 위해 기분을 좋게 만드는 엔도르핀을 내보내요. 이 물질은 '행복 호르몬'이라고도 불리는데, 고통을 이겨 냈을 때 느끼는 '쾌감'과도 같지요. 그래서 사람들은 매운 음식을 먹고 나서 스트레스가 풀린다고 말하곤 해요. 이제 매운 떡볶이를 먹을 때 왜 코가 빨개지고 눈물이 나는지, 그리고 왜 또 먹고 싶어지는지 조금은 알겠지요?

O/X 퀴즈

1. 고추에 들어 있는 '캡사이신'이라는 성분이 통증을 일으켜요. (O/X)
2. 매운 것을 먹으면 입속이 얼얼하고 땀이 나는 이유는 통증 때문이에요. (O/X)
3. 매운맛은 단맛이나 감칠맛처럼 혀의 맛세포가 느끼는 감각이에요. (O/X)

정답 O, O, X

과학 상식 더하기

엔도르핀은 어떤 역할을 할까?

엔도르핀은 우리가 통증을 느끼거나 스트레스를 받을 때 뇌에서 나오는 특별한 물질로, 천연 진통제로 불려요. 기분을 좋게 해 주고, 몸을 회복시키며 면역력을 높이는 데 도움을 주지요. 또 상처를 빨리 낫게 해 주는 효과도 있어요. 예를 들어, 운동을 하면 엔도르핀이 나와서 스트레스도 줄고 감기도 예방할 수 있어요. 신나게 웃는 것도 엔도르핀을 불러일으킬 수 있답니다.

선으로 이어요

보기의 그림에 어울리는 이유를 선으로 연결해 보세요.

① 

② 

③ 

㉠ 떡볶이 속 캡사이신이 통증 세포를 자극했기 때문이에요.

㉡ 뇌에서 기분을 좋아지게 하는 '엔도르핀'이 나왔기 때문이에요.

㉢ 고추를 씹고 '통증을 느끼는 신경'이 반응했기 때문이에요.

정답 ①-㉠, ②-㉢, ③-㉡

17 채소 싫어하는 나, 괜찮을까?

혹시 식사 시간에 채소는 빼고 고기만 골라 먹나요? 가끔은 입맛대로 먹고 싶은 마음이 앞서기도 해요. 하지만 편식을 많이 하면 필요한 영양소를 골고루 얻지 못해 건강에 문제가 생길 수 있어요.

우리 몸에는 다섯 가지 영양소가 필요해요

우리 몸이 건강하려면 다섯 가지 영양소가 꼭 필요해요. 먼저, 단백질은 근육부터 피부, 머리카락, 피까지 우리 몸을 만드는 주요 재료예요. 상처가 아물고 새살이 나는 데도 쓰이지요. 탄수화물은 우리 몸에 에너지를 공급해 줘요. 활동하고 생각하는 힘을 주지요. 지방은 에너지를 저장하고, 몸을 따뜻하게 유지해 줘요. 또 뇌와 신경 세포를 보호하는 역할도 해요. 비타민은 몸속 다양한 작용을 도와주는 조력자예요. 눈과 피부, 뼈 건강에도 중요하고, 병에 걸리지 않게 도와주기도 해요. 무기질(미네랄)은 뼈와 치아를 튼튼하게 하고, 근육과 신경이 제대로 작동하게 도와줘요. 이렇게 다섯 가지 영양소가 서로 힘을 합쳐야 우리 몸이 건강하게 자랄 수 있어요.

편식을 하면 몸속 균형이 무너져요

음식마다 들어 있는 영양소가 달라요. 그래서 음식을 골고루 먹지 않으면 우리 몸에 필요한 영양소가 부족해질 수 있어요. 예를 들어, 고기만 먹고 채소를 먹지 않으면 비타민과 무기질이 부족해져서 쉽게 피로해지거나 변비가 생겨요. 또 밥만 먹고 고기나 생선을 먹지 않으면 단백질이 부족해져 근육이 약해지고 키가 잘 자라지 않아요. 우리 몸은 영양소를 골고루 섭취해야 잘 자라고 건강해진답니다.

O/X 퀴즈

1. 비타민과 무기질은 아주 조금 필요하니까 없어도 괜찮아요. (O/X)
2. 단백질은 우리 몸의 근육과 피부를 만드는 데 꼭 필요해요. (O/X)
3. 탄수화물은 우리가 활동할 수 있도록 에너지를 주는 영양소예요. (O/X)

정답 X, O, O

과학 상식 더하기

영양소가 부족하면 어떤 병이 생길까?

우리 몸은 단백질, 탄수화물, 지방, 비타민, 무기질 등 다섯 가지 영양소가 꼭 필요해요. 이 중 하나라도 부족하면 몸에 문제가 생길 수 있어요. 예를 들어, 단백질이 부족하면 몸이 잘 붓고 상처가 아무는 속도가 느려져요. 비타민 C가 부족하면 잇몸에서 피가 나고 쉽게 멍이 드는 괴혈병이, 비타민 D와 칼슘이 부족하면 뼈가 쉽게 구부러져 성장 장애를 일으키는 구루병이 생기기도 해요.

선으로 이어요

보기의 설명과 어울리는 단어를 선으로 연결해 보세요.

① 몸을 따뜻하게 하고 열을 저장해요.	 지방
② 활동할 수 있는 에너지를 줘요.	 탄수화물
③ 근육과 몸을 만드는 재료예요.	 단백질

정답 ①-지방, ②-탄수화물, ③-단백질

18 단것을 먹으면 왜 갑자기 힘이 솟아날까?

피곤할 때 달콤한 간식을 먹으면 기운이 나지 않나요? 특히 달달한 초콜릿이나 사탕은 하나만 먹어도 눈이 번쩍 뜨이고, 몸이 갑자기 가벼워진 것 같기도 해요. 이런 변화는 사실 '혈당'과 관련이 있어요. 혈당은 우리 몸에 어떤 영향을 줄까요?

설탕과 혈당의 관계

탕후루나 밀크티, 초콜릿 같은 단 음식을 먹으면, 그 속에 있는 설탕이 우리 몸 안에서 빠르게 분해돼요. 분해된 설탕은 '포도당'이라는 작은 에너지 덩어리로 바뀌어 피 속에 퍼지는데요, 포도당이 피에 얼마나 섞여 있는지 그 진하기를 나타내는 것이 바로 '혈당'이에요. 혈당이 높아지면 우리 몸의 세포들은 에너지가 들어왔다며 기운을 내게 돼요.

혈당 스파이크, 왜 조심해야 할까요?

그런데 이 힘은 아주 잠깐뿐이에요. 혈당이 갑자기 올라가면 몸은 이를 조절하기 위해 '인슐린'이라는 물질을 잔뜩 내보내요. 그러면 혈당이 빠르게 뚝 떨어지게 되는데, 이런 현상을 '혈당 스파이크'라고 해요. 짧은 시간 안에 혈당이 급하게 올랐다가 떨어지는 거예요. 이때 몸은 다시 기운이 빠지고, 졸리거나 배고픔을 느껴요. 이렇게 자주 혈당이 널뛰듯 오르내리면 몸은 에너지를 조절하느라 피곤해져요. 또 살이 찌기 쉬운 몸으로 바뀌고, 당뇨병이나 암 같은 병이 생길 위험도 높아진답니다. 우리가 단 음식을 너무 자주, 너무 많이 먹으면 안 되는 이유이지요. 우리 몸은 혈당이 천천히, 오래 유지될 때 가장 편안하고 건강하답니다.

O/X 퀴즈

1. 인슐린은 혈당을 더 높이는 역할을 해요. (O/X)
2. 혈당 스파이크는 혈당이 천천히 오르고 천천히 내려가는 현상을 말해요. (O/X)
3. 혈당이 오르면 우리 몸의 세포들이 에너지로 사용할 수 있어요. (O/X)

정답 X, X, O

과학 상식 더하기

당뇨병을 왜 조심해야 할까?

에너지를 만드는 포도당은 '인슐린'이라는 친구가 꼭 필요해요. 인슐린이 부족하거나 잘 작동하지 않으면, 포도당이 피 속에 쌓이기만 하고 세포는 에너지를 받지 못해요. 그러면 몸은 자꾸 지치고, 눈이나 신장이 망가지기도 해요. 이런 병을 '당뇨병'이라고 해요. 당뇨병을 예방하려면 단 음식을 너무 많이 먹지 말고, 운동을 자주 해야 해요.

숨은그림찾기

베이킹 공방에 숨은 그림을 모두 찾아보세요!

숨은 그림

- □ 퍼즐 조각
- □ 나비
- □ 막대 사탕
- □ 고글
- □ 목걸이

정답

19 손가락 끝 지문은 왜 모두 다를까?

손가락 끝을 자세히 보면 물결무늬처럼 생긴 선들이 보여요. 이 선들을 '지문'이라고 해요. 놀랍게도 세상 사람들의 지문은 생김새가 서로 다르답니다. 그렇다면 지문은 왜 모두 다르게 생겼을까요?

지문은 엄마 뱃속에서 생겨요

지문은 우리가 태어나기 전, 엄마 뱃속에 있을 때부터 생기기 시작해요. 임신 후, 3개월에서 4개월쯤 지나면 태아의 손가락 끝부분의 피부가 자라면서 작은 굴곡이라고도 하는 오돌토돌한 무늬가 생겨요. 지문은 유전적으로 큰 모양은 정해지지만 아주 작은 모양은 태아가 엄마 뱃속에서 지내는 환경에 따라 달라져요. 예를 들어, 태아가 어디에 어떤 자세로 누워 있는지, 온도는 어땠는지, 손가락이 어디에 닿았는지에 따라 다르지요. 그래서 일란성 쌍둥이라도 지문이 갈라진 모양이나 끝나는 위치 등은 서로 다르답니다.

지문은 변하지 않는 나만의 신분증이에요

한 번 만들어진 지문은 평생 변하지 않아요. 손가락을 다쳐도 상처가 나으면 본래의 지문 모양이 다시 나타나지요. 물론 너무 심하게 다치거나 화상을 입으면 지문이 일부 사라질 수도 있지만, 대개 지문 모양은 그대로 유지돼요. 하나의 지문은 오직 그 사람만이 지닌 특별한 정보이기 때문에 마치 신분증과 같아요. 그래서 경찰이 범죄 현장에 남은 지문으로 범인을 잡을 수 있는 거예요. 일상생활에서는 스마트폰 잠금을 해제하거나, 해외여행을 갈 때 자신의 신분을 증명하는 데 지문을 사용한답니다.

O/X 퀴즈

1. 지문은 태어난 다음에 손가락을 많이 써서 생겨요. (O/X)
2. 지문은 나이가 들면 점점 흐려지다가 완전히 없어져요. (O/X)
3. 지문은 사람마다 달라서 일란성 쌍둥이도 서로 다르답니다. (O/X)

정답 X, X, O

과학 상식 더하기

어떻게 지문으로 스마트폰 잠금을 풀 수 있을까?

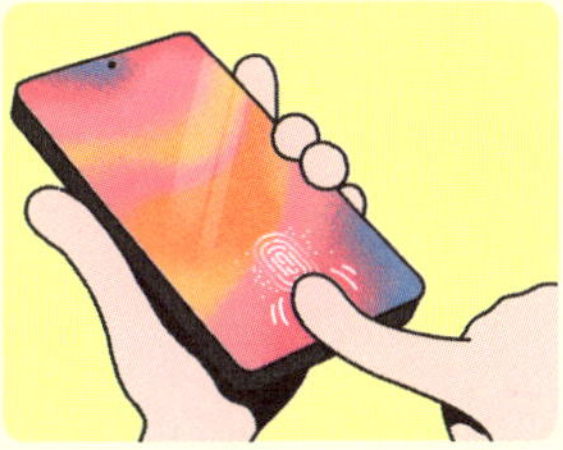

스마트폰을 열 때 손가락을 살짝 대면 잠금이 쓱 풀리곤 해요. 이는 스마트폰 안에 있는 아주 작은 지문 센서 때문이에요. 크게 두 가지 종류가 있는데, 하나는 '광학 센서'로, 지문 모양을 사진처럼 찍어서 비교해요. 다른 하나는 '초음파 센서'로, 아주 미세한 초음파를 통해 지문의 굴곡을 입체적으로 읽어 내요. 스마트폰은 읽어 낸 지문을 등록된 지문과 비교한 뒤, 같으면 잠금을 풀고 다르면 거절해요.

과학 퀴즈

사람은 OO일 때 지문이 생겨요. OO은 무엇일까요?

정답 태아

20 코를 막고 먹으면 왜 맛이 잘 안 느껴질까?

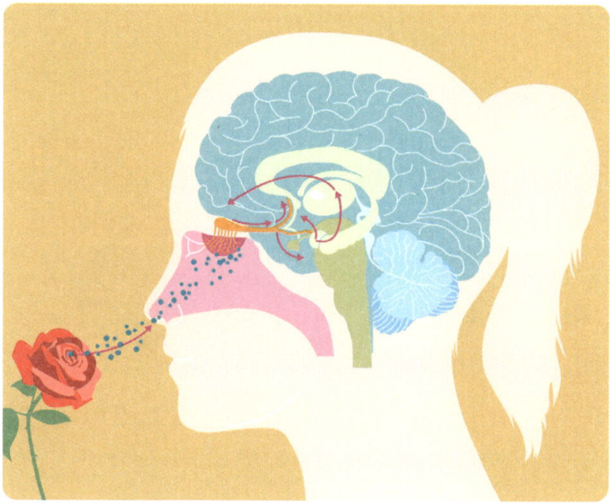

우리가 음식을 먹을 때 느끼는 '맛'은 혀 혼자 결정하는 게 아니에요. 혀가 단맛, 짠맛, 신맛, 쓴맛, 감칠맛 같은 기본적인 맛을 느끼는 동안, 코는 음식에서 나는 다양한 냄새를 감지해요. 이 두 가지 정보가 뇌에서 합쳐져야 비로소 우리가 아는 풍부한 맛이 완성된답니다.

맛은 혀와 코가 함께 만드는 작품이에요

음식을 씹을 때 나는 냄새는 입에서 코 뒤쪽으로 올라가 후각 세포를 자극해요. 이 냄새 정보가 혀가 전달한 맛 정보와 만나면서 뇌는 "이건 딸기 맛이야!", "이건 초콜릿 맛이야!" 하고 인식해요. 그래서 혀 혼자서는 단순한 맛밖에 느낄 수 없지만 코의 역할이 더해지면 수백 가지 복잡한 맛을 구별할 수 있게 되지요.

코를 막으면 맛이 단순해지는 이유

감기에 걸려 코가 막히면 음식 냄새가 잘 전달되지 않아요. 그러면 뇌는 혀에서 오는 단순한 맛 정보만 받아들이기 때문에 음식이 밍밍하게 느껴져요. 같은 이유로 코를 손으로 막고 사탕을 먹어 보면 무슨 맛인지 잘 모르다가, 코를 열자마자 보다 풍부한 맛이 확 퍼지는 것을 경험할 수 있어요. 이를 통해 맛을 느끼는 데 냄새가 중요한 역할을 한다는 사실을 알 수 있답니다.

O/X 퀴즈

1. 우리가 느끼는 맛의 대부분은 혀에서 오는 정보예요. (O/X)
2. 코를 막으면 냄새에 대한 정보가 뇌로 전달되지 않아 음식 맛이 단순하게 느껴져요. (O/X)
3. 혀가 단맛, 짠맛, 신맛, 쓴맛, 감칠맛을 느끼고 코가 냄새를 더해 맛이 완성돼요. (O/X)

정답 X, O, O

과학 상식 더하기

어떻게 냄새를 맡을 수 있을까?

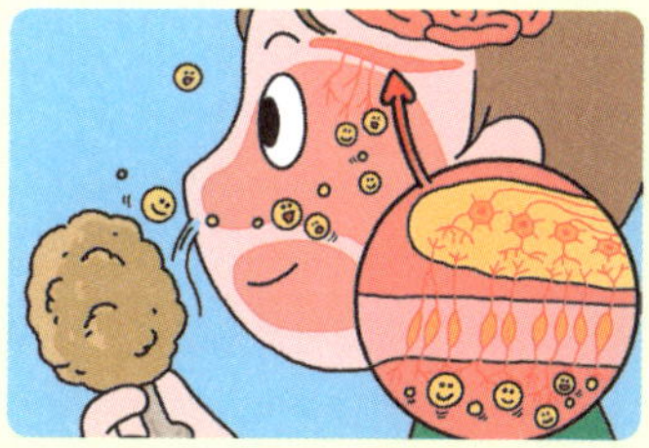

우리는 다양한 냄새를 어떻게 구별할 수 있을까요? 그 비밀은 콧속 깊은 곳에 있는 후각 상피 세포에 있어요. 후각 상피 세포는 냄새 분자를 감지하는 특별한 세포로, 머리카락처럼 생긴 아주 가는 돌기(섬모)를 가지고 있어요. 이 돌기들이 공기 중의 냄새 분자를 붙잡으면, 세포가 이를 전기 신호로 바꿔 뇌로 보내요. 뇌는 이 신호를 해석해서 냄새의 정체를 알아차리는 거예요.

과학 상식툰

21 차가운 아이스크림을 빨리 먹으면 왜 머리가 띵~ 할까?

더운 여름날, 아이스크림을 빨리 먹다가 머리가 갑자기 띵해지는 경험을 한 적이 있을 거예요. 이 짧고 강한 두통은 무서운 병에 걸려서가 아니라, 우리 몸이 차가운 자극에 반응하면서 보이는 특별한 현상 때문이에요.

입천장에 차가운 음식이 닿으면 신경이 깜짝 놀라요

아이스크림이나 얼음을 급하게 먹으면 차가운 음식이 입천장을 스치면서 '삼차 신경'을 자극해요. 삼차 신경은 얼굴과 머리의 감각을 뇌에 전달하는 통로인데, 갑자기 차가워지면 깜짝 놀라 뇌로 두통 신호를 보내요. 실제로는 입천장이 차가운 것뿐이지만 뇌는 머리 전체가 아픈 것처럼 착각해요. 그럼 순간적으로 머리가 띵해지지요. 특히 주변 온도와 음식의 온도가 크게 차이 날수록 두통이 심해진답니다.

혈관이 수축했다가 팽창하면서 두통이 생겨요

또 하나의 원인으로는 혈관의 급격한 변화를 들 수 있어요. 차가운 음식이 입천장 근처에 있는 혈관을 순간적으로 수축시켰다가, 몸이 온도를 회복하려고 다시 혈관을 확 팽창시키면서 통증 신호가 발생해요. 이 두 과정이 아주 빠르게 일어나기 때문에 뇌가 언다는 뜻의 '브레인 프리즈(Brain Freeze)'라는 짧고 강한 두통이 생기는 거예요. 다행히 이 두통은 오래지 않아 자연스럽게 사라져요. 아이스크림이나 빙수처럼 차가운 음식을 먹을 때 입안에서 천천히 녹여 먹는다면 머리가 띵해지는 브레인 프리즈를 예방할 수 있답니다.

O/X 퀴즈

1. 아이스크림을 빨리 먹을 때 머리가 아픈 현상을 '브레인 프리즈'라고 해요. (O/X)
2. 브레인 프리즈는 뇌가 직접적으로 차가워져서 아픈 거예요. (O/X)
3. 차가운 음식이 삼차 신경을 자극하고 혈관이 수축했다 팽창하면서 두통이 생겨요. (O/X)

정답 O, X, O

과학 상식 더하기

브레인 프리즈에 어떻게 대처할 수 있을까?

차가운 음식을 먹을 때 머리가 갑자기 띵해지는 이유는 입천장 신경이 놀라고, 혈관이 급격하게 변하기 때문이에요. 이러한 두통을 피하려면 차가운 음식을 천천히 먹는 게 좋아요. 만약 브레인 프리즈가 이미 시작됐다면 따뜻한 물이나 음료를 마셔서 목 뒤쪽의 온도를 높이거나 혀를 입천장에 대고 따뜻하게 만들어 주는 게 도움이 돼요. 그럼 혈액 순환이 잘되고 통증이 빨리 사라져요.

과학 상식툰

22 우리는 왜 잠을 자야만 할까?

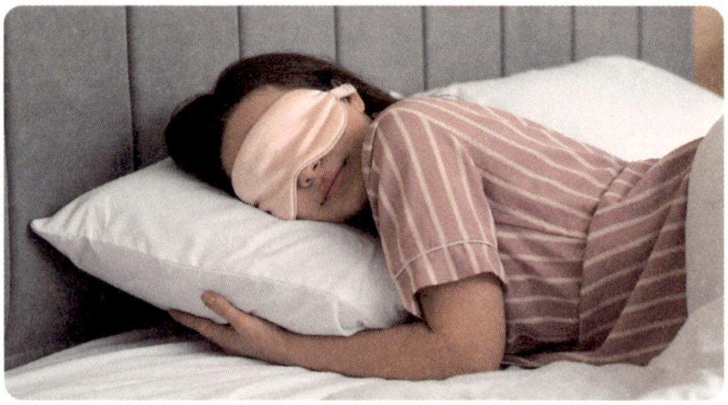

늦은 밤, 이불 속에 누워서 잠들기 아쉽다고 생각한 적 있나요? 더 놀고 싶은 마음도 있겠지만 잠은 단순히 쉬는 시간이 아니에요. 잠을 자는 동안 우리 몸속, 특히 뇌에서는 아주 중요한 일이 벌어지거든요.

뇌는 우리가 자는 동안 스스로 깨끗하게 청소해요

우리가 깨어 있는 동안 뇌는 정말 많은 일을 해요. 보고, 듣고, 움직이고, 생각하고, 말하고…, 끊임없이 작동해요. 그러다 보면 뇌 안에 '노폐물'이라는 찌꺼기가 조금씩 쌓이게 돼요. 그런데 뇌에는 찌꺼기를 내보내는 통로가 없기 때문에, '글림프 시스템'이라는 특별한 방법을 통해 노폐물을 청소해요. 우리가 자는 동안 뇌 속을 흐르는 '뇌척수액'이라는 액체가 마치 청소기처럼 노폐물을 쓸어 내, 밖으로 내보내지요. 이 과정을 잘 거쳐야 뇌가 맑아지고, 다음 날 또렷한 정신을 유지할 수 있어요. 잠이 부족하면 청소 시간이 짧아져 머리가 멍해지고 집중력이 떨어지기도 해요.

수면은 뇌가 기억을 정리하는 시간이에요

낮에 배운 내용을 오래 기억하려면, 공부만 하는 게 아니라 잠도 충분히 자야 해요. 기억을 담당하는 해마는 낮 동안 새로운 정보를 임시로 저장하고, 우리가 자는 동안 중요한 정보를 대뇌 피질로 옮겨요. 그리고 필요 없는 건 지워 버리지요. 마치 컴퓨터처럼 정보를 정리하는 거예요. 특히 깊은 잠을 잘 때 해마와 대뇌 피질 사이에서 정보가 오가며 기억이 튼튼해져요. 그래서 숙면은 공부에도, 좋은 추억을 오래 간직하는 데도 도움이 돼요.

O/X 퀴즈

1. 뇌는 잠을 자는 동안 낮에 쌓인 노폐물을 스스로 청소해요. (O/X)
2. 뇌 속 노폐물은 깨어 있을 때 더 잘 청소돼요. (O/X)
3. 우리가 자는 동안, 해마는 낮에 배운 정보를 정리하고 저장해요. (O/X)

정답 O, X, O

과학 상식 더하기

해마는 기억을 정리하는 뇌 속 도서관이라고!

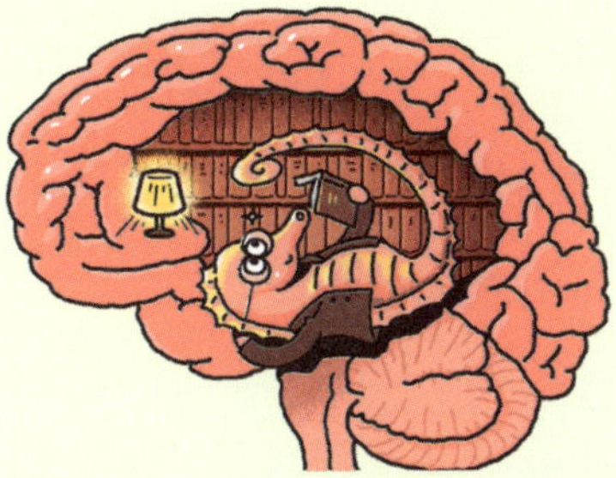

해마는 뇌의 깊은 안쪽에 있는 작은 기관이에요. 바다 동물 '해마'를 닮아 이런 이름이 붙었어요. 해마는 하루 동안 보고 듣고 느낀 정보를 임시로 저장한 뒤, 잠자는 동안 중요한 것만 골라 정리해요. 약 70년 전, 한 환자가 해마를 제거한 뒤 새로운 정보를 기억하지 못하게 되면서 해마가 기억 저장에 꼭 필요하다는 사실이 밝혀졌답니다.

숨은그림찾기

방 안에 숨은 그림을 모두 찾아보세요!

숨은 그림

- ☐ 유령
- ☐ 바늘
- ☐ 갈매기
- ☐ 깃발
- ☐ 눈사람

정답

23 양파를 썰 때 눈물이 나는 이유는?

부엌에서 양파를 썰어 본 적이 있다면 눈이 따갑고 눈물이 나는 경험을 해 봤을 거예요. 양파를 칼로 자르기만 했을 뿐인데, 왜 눈에서 눈물이 날까요?

양파 속에는 눈물이 나는 기체가 숨어 있어요

칼로 양파를 자르면 양파의 세포가 터지면서 그 안에 있던 물질들이 섞이게 돼요. 그러면 '황 화합물'이라는 성분이 공기 중에 빠르게 반응하면서 눈을 자극하는 기체로 바뀌어요. 이 기체는 매우 가볍기 때문에 금방 눈까지 날아가지요. 그런데 문제는 눈에 항상 눈물처럼 수분이 있다는 거예요. 매운 기체가 눈물과 만나면, 화학 반응이 일어나 아주 소량의 '황산', 즉 눈을 따갑게 만드는 산성 물질이 생겨요. 그래서 양파를 썰 때마다 눈이 맵고 눈물이 나는 거예요. 이건 양파가 스스로를 지키는 방식이기도 해요. 벌레나 동물들이 함부로 자신을 먹지 못하게 매운 성분으로 방어하는 거랍니다.

눈물 없이 양파를 자를 수 있어요

물론 간단한 방법을 이용해 눈물 없이 양파를 썰 수도 있어요. 양파를 자르기 전에 냉장고에 잠깐 넣어 차갑게 만드는 거예요. 양파가 차가우면 눈을 자극하는 기체가 날아오는 속도가 느려져요. 그래서 눈에 덜 들어가게 돼요. 또 물을 받아 놓고 그 안에서 양파를 자르면 기체가 공기 대신 물속에 퍼져서 눈까지 오지 않아요. 이런 간단한 과학 상식을 알고 있으면 눈물을 흘리지 않고 똑똑하게 양파를 자를 수 있답니다.

O/X 퀴즈

1. 양파를 자르면 세포가 터지면서 매운 기체가 공기 중으로 퍼져요. (O/X)
2. 눈이 따가운 이유는 매운 기체가 눈물과 만나 산성 물질이 생기기 때문이에요. (O/X)
3. 양파를 자르기 전 차갑게 만들면 매운 기체가 날아오는 속도가 빨라져요. (O/X)

정답 O, O, X

과학 상식 더하기

와사비, 자신을 지키기 위해 매워지다!

초밥을 먹을 때 코가 찡해지는 와사비의 매운맛은 사실 와사비가 자신을 지키려고 만든 무기예요. 와사비 뿌리 속에는 '알릴 이소티오시아네이트(AITC)'라는 특수 물질을 만들어 내는 성분이 들어 있어요. 와사비를 씹거나 자르면 이 특수 물질이 나오면서 강한 매운맛을 내지요. 이 자극적인 냄새와 맛은 동물이나 곤충이 와사비를 함부로 먹지 못하게 막아 준답니다.

과학 퀴즈 - 난센스

파가 두 개면 무엇일까요?

정답 양파

24 코딱지가 내 몸을 지켜 준다고?

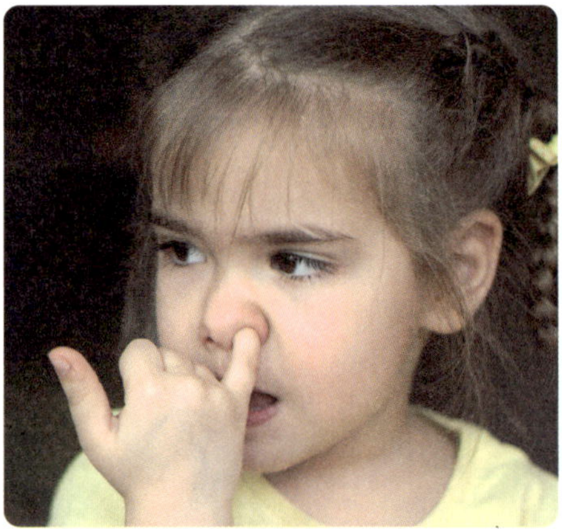

코딱지는 왜 생길까요? 코를 풀다 보면 가끔 나오는 이 딱딱한 덩어리는 전혀 쓸모없어 보이지만 사실 우리 몸이 스스로를 지키기 위해 만든 방어막이랍니다.

코안에는 먼지와 세균을 막는 끈끈한 점액이 있어요

우리는 하루에 약 2만 번 이상 숨을 쉬어요. 그때마다 공기 속의 먼지, 꽃가루, 세균, 바이러스 같은 수많은 입자들도 함께 코안으로 들어오지요. 하지만 다행히도 우리 코 안쪽에는 '점액'이라는 끈끈한 액체가 있어요. 점액은 마치 끈끈이주걱처럼 공기 속에 떠다니는 해로운 물질을 붙잡아 줘요. 또 코안에는 '섬모'라고 불리는 아주 가늘고 짧은 털들이 촘촘하게 자라 있는데, 섬모는 점액과 함께 이물질을 코 안쪽 깊은 곳으로 옮기거나 바깥으로 밀어내는 역할을 해요. 이렇게 점액과 섬모가 함께 움직이며 우리 몸의 첫 번째 방어벽이 된답니다. 점액이 오랜 시간 동안 먼지와 세균을 붙잡고 있으면 서서히 수분이 마르면서 딱딱하게 굳어요. 바로 그게 우리가 알고 있는 코딱지예요.

코딱지는 우리 몸을 지키는 '면역의 흔적'이에요

외부에서 들어오는 세균과 바이러스가 몸속까지 들어가게 되면 병에 걸릴 수 있지만, 코에서 막아 주면 아프지 않고 건강하게 지낼 수 있어요. 코딱지는 이렇게 걸러 낸 이물질이 굳어서 생긴 것이기 때문에, 코딱지를 보면 오히려 '내 몸이 잘 싸우고 있구나!' 하고 생각해도 좋아요. 단, 손가락으로 코를 자주 후비거나 세게 파면 코 점막에 상처가 나고, 진짜 세균이 침입할 수 있기 때문에 주의해야 해요.

O/X 퀴즈

1. 코딱지는 코안에 있는 점액이 먼지와 섞여 말라붙은 거예요. (O/X)
2. 섬모는 코딱지를 만들기 위해 일부러 자라는 털이에요. (O/X)
3. 콧속 점액은 공기 속의 세균과 바이러스를 걸러 주는 역할을 해요. (O/X)

정답 O, X, O

과학 상식 더하기

우리 몸엔 보이지 않는 방패가 있다고?

피부는 우리 몸을 지키는 대표적인 방패예요. 몸 전체를 덮고 있으며, 튼튼한 벽처럼 세균이 들어오지 못하게 막아 줘요. 눈물은 바이러스가 들어오면 씻어 내고, 침은 입안에 들어온 세균을 없애는 데 도움을 줘요. 또 귓속의 귀지는 해로운 물질이 귀 깊숙이 들어가지 못하게 막아요. 이처럼 우리 몸에는 든든한 방패들이 곳곳에 숨어 있답니다.

과학 상식툰

25 입에서 이상한 냄새가 나는 이유는 뭘까?

친구랑 이야기하다가 입에서 이상한 냄새가 난다는 말을 들으면 정말 당황스럽고 창피할 거예요. 하지만 입냄새는 누구에게나 생길 수 있어요. 그리고 그 원인만 제대로 알면 얼마든지 막을 수 있답니다. 그런데 입냄새는 대체 왜 나는 걸까요?

입냄새는 세균이 만들어요

음식을 먹은 뒤 양치를 하지 않으면, 입안에 남은 음식물 찌꺼기들이 치아 사이, 혀 위, 잇몸 근처에 그대로 남게 돼요. 그 위에는 세균이 모여 살기 시작하는데, 이렇게 세균과 음식물 찌꺼기가 뭉쳐 생긴 끈적끈적한 물질을 '플라크(Plaque)' 또는 '치태'라고 불러요. 세균은 플라크 속에서 음식물 찌꺼기를 분해하며 '휘발성 황 화합물'이라는 기체를 만들어 내는데, 이게 바로 입냄새의 주범이에요.

플라크를 없애려면 꼼꼼한 양치가 필요해요

입냄새를 없애는 가장 좋은 방법은 플라크를 깨끗하게 닦아 내는 거예요. 이를 닦는다고 해서 겉만 슥슥 문지르면 안 돼요. 칫솔로 치아 사이, 잇몸과 이 사이, 혀 위까지 꼼꼼하게 닦아야 플라크가 없어져요. 플라크는 눈에 잘 보이지 않지만 하루만 양치를 안 해도 생기기 시작하고, 계속 방치하면 딱딱해져서 '치석'으로 변해요. 플라크가 오래 남아 있으면 입냄새는 물론이고 충치와 잇몸병도 생길 수 있답니다. 특히 자기 전에 양치질을 하지 않으면, 자는 동안 침이 줄어들어서 세균이 더 활발하게 활동해요. 그래서 잠자기 전 양치는 정말 중요하답니다.

O/X 퀴즈

1. 플라크는 음식물 찌꺼기와 세균이 모여 생긴 끈적한 물질이에요. (O/X)
2. 입냄새는 대부분 우리 몸속 장기에서 올라오는 냄새예요. (O/X)
3. 양치를 할 때는 혀와 이 사이까지 꼼꼼히 닦는 것이 좋아요. (O/X)

정답 O, X, O

과학 상식 더하기

충치를 만드는 세균, 뮤탄스균을 알고 있니?

달콤한 사탕이나 과자를 먹고 양치를 하지 않으면, 충치가 생기기 쉬워요. 충치는 '뮤탄스균'이라는 입안의 아주 작은 세균이 만들어 내요. 이 균은 설탕이나 전분을 좋아해서 음식 찌꺼기 속 당분을 먹고 '산'을 만들어 내지요. 이렇게 생긴 산이 치아를 둘러싸고 있는 단단한 껍질, 즉 법랑질을 천천히 녹이면서 조금씩 부서지고 파여서 충치가 생긴답니다.

숨은그림찾기

욕실 안에 숨은 그림을 모두 찾아보세요!

숨은 그림

- □ 자석
- □ 달걀 프라이
- □ 깃발
- □ 수박
- □ 연필

정답

시미쌤과 함께하는 과학 글쓰기 ②

100년 후 우리 몸은 얼마나 더 편리해질까?

구영: 하아…, 너무 졸리다. 더 자고 싶은데 아침이네.

그리: 나도 그래. 숙제하느라 늦게 자서 너무 졸려.

구영: 우리 몸이 잠을 꼭 자야만 힘을 낸다니 불편하지 않아?

그리: 맞아, 잠을 안 자도 힘이 나면 얼마나 좋을까?

구영: 과학이 발전하면 그것도 가능할지 몰라! 100년 뒤에는 어떨까?

글쓰기 단서를 참고해서 글을 써 볼까요?

■ 단서 ① 로봇 팔

과학자들은 이미 사람의 생각으로 움직이는 로봇 팔을 만들고 있어요. 로봇 팔은 아주 정밀해서 작은 물건도 집을 수 있고, 무거운 것도 쉽게 들어요. 신경과 연결하면 진짜 팔처럼 감각도 느낄 수 있답니다. 미래에는 더 가볍고 자연스러운 로봇 팔이 나와서 누구나 자유롭게 사용할 수 있을 거예요.

■ 단서 ② 인공 장기

병이 생긴 장기를 대신할 인공 장기가 계속 개발되고 있어요. 3D 프린터로 만든 인공 심장이나 인공 피부는 실제 사람 몸에 잘 맞도록 설계돼요. 이 장기들은 몸속에서 진짜 장기처럼 작동하며 제 역할을 해낸답니다. 미래에는 인공 장기가 더 완벽해져서 오래오래 건강하게 살 수 있을 거예요.

가끔 몸이 마음대로 되지 않을 때가 있어요. 너무 졸려서 공부가 안 되거나, 다쳐서 손을 못 쓸 때도 있지요. 배가 아프거나 감기 같은 질병에 걸려서 어떤 것도 하기 힘들 때도 있어요. 그래서 저는 불편함이 없는 몸을 상상해 보았어요.

❶ 첫 번째로는

❷ 두 번째로는

만약 이런 몸을 가진다면 아프거나 힘들어하지 않고, 걱정 없이 하고 싶은 일을 마음껏 할 수 있을 거예요. 100년 뒤 미래가 정말 궁금해요. 빨리 오면 좋겠어요!

220쪽에서 모범 답안을 확인해 보세요.

26 내 몸속에 100조 마리가 넘는 미생물이 산다고?

우리 몸속 장 안에는 눈에 보이지 않을 만큼 작은 미생물들이 하늘에 무수한 별만큼 많이 살고 있어요. 이들은 단순히 존재하기만 하는 것이 아니라, 우리 몸을 돕는 중요한 역할을 한답니다.

우리의 장은 미생물 마을이에요

우리가 밥을 먹으면 장 속 미생물들이 음식을 잘게 부수고 영양소를 만들어 우리 몸의 기능을 도와줘요. 예를 들어, 유산균은 젖산을 만들어 나쁜 세균을 막고, 비피더스균은 면역력을 높이고 배변 활동을 활발하게 해 줘요. 이런 착한 세균들도 모두 미생물이에요. 이들이 잘 살아야 장이 튼튼해지고 몸도 건강하게 유지된답니다.

착한 세균이 좋아하는 음식은 따로 있어요

장 속 미생물이 건강하게 살려면 식이 섬유가 풍부한 채소와 과일, 해조류 등을 잘 먹는 것이 중요해요. 식이 섬유는 미생물의 좋은 먹이가 되어 몸에 유익한 물질을 만들어 주기 때문이에요. 반면, 단 음식이나 기름진 음식을 많이 먹으면 나쁜 세균이 늘어나 장 건강이 나빠져요. 결국 내가 먹는 음식이 내 장 속 미생물과 건강을 결정한다는 사실을 잊지 마세요!

O/X 퀴즈

1. 유산균과 비피더스균은 장 속에서 몸을 도와주는 착한 미생물이에요. (O/X)
2. 식이 섬유는 몸이 직접 소화해서 에너지를 만드는 영양소예요. (O/X)
3. 단 음식이나 기름진 음식을 자주 먹으면 나쁜 세균이 늘어나요. (O/X)

정답 O, X, O

과학 상식 더하기

장 속 미생물은 소화만 돕는 게 아니야!

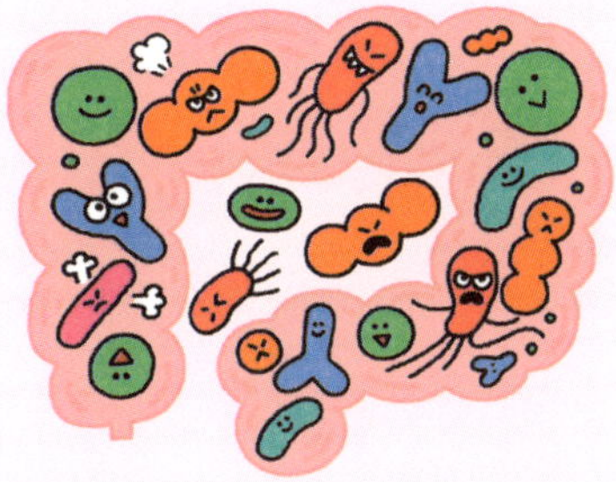

장 속 미생물은 면역력을 높이고, 장이 약해져 생기는 질병을 치료하는 데 도움을 주어요. 유산균이나 비피더스균이 부족할 땐 이를 보충해, 장 건강을 되찾아 주기도 하지요. 최근엔 암이나 비만, 아토피 같은 질병을 미생물로 치료하는 연구도 진행 중이에요. 언젠가는 미생물을 약처럼 쓰는 날이 올지도 모른답니다.

선으로 이어요

보기의 설명과 어울리는 단어를 선으로 연결해 보세요.

설명		단어
① 장에서 젖산을 만들어 나쁜 세균을 막는 착한 세균	• •	 유산균
② 대장에서 활동하며 면역력을 키워 주는 착한 세균	• •	 식이 섬유
③ 채소와 과일에 많은, 장 속 미생물의 먹이	• •	 비피더스균

정답 ①-유산균, ②-비피더스균, ③-식이 섬유

27 어둠 속에서 세상을 보는 박쥐, 그들만의 언어는?

박쥐는 아주 특별한 동물 중 하나예요. 새처럼 날아다니지만, 사실 새끼를 낳고 젖을 먹이는 포유류예요. 게다가 주로 밤에만 활동하는 야행성 동물인데, 눈으로 보는 대신 특별한 방법으로 주변을 살피며 한밤중에도 빠르게 날아다닌답니다.

귀로 보는 '반향정위' 능력

박쥐는 '반향정위'라는 능력을 이용해 어두운 밤에도 주변을 잘 탐색할 수 있어요. 반향정위란 입으로 내보낸 초음파가 물체에 부딪혀 돌아오는 소리를 귀로 듣고 방향과 거리를 파악하는 거예요. 이렇게 눈 대신 귀로 세상을 보며 장애물을 피하고 작은 벌레도 잡을 수 있답니다. 박쥐는 초음파의 반사 속도와 크기를 통해 물체의 거리와 그 크기까지도 알 수 있지요.

박쥐만 이런 능력이 있을까요?

놀랍게도 박쥐 말고도 반향정위를 쓰는 동물이 또 있어요. 바로 바닷속을 헤엄치는 돌고래예요. 돌고래는 초음파를 내보내고, 되돌아오는 소리를 통해 물고기의 위치나 크기를 알아내요. 그래서 깊고 어두운 바닷속에서도 사냥감을 놓치지 않아요. 즉, 반향정위는 어둠 속에서도 방향을 찾을 수 있는 자연의 지혜로운 기술이에요. 과학자들은 이런 동물들의 능력을 본떠 잠수함에 '소나'라는 장비를 만들었어요. 소나는 소리를 내보내고, 반사된 신호를 분석해 거리와 방향을 파악하는 장치랍니다.

O/X 퀴즈

1. 박쥐는 눈 대신 초음파를 이용해 어두운 밤에도 날아다닐 수 있어요. (O/X)
2. 반향정위는 입에서 나는 냄새를 따라 물체를 찾는 능력을 말해요. (O/X)
3. 돌고래도 초음파를 이용해 먹이의 위치를 파악해요. (O/X)

정답 O, X, O

과학 상식 더하기

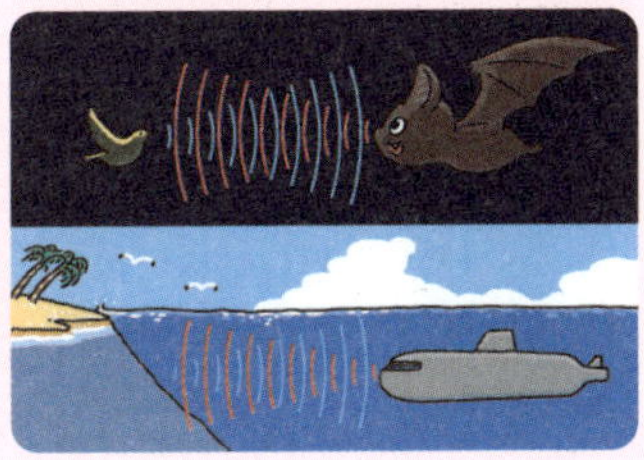

잠수함이 바다를 '듣는' 방법

빛이 거의 없는 깊은 바닷속에서 잠수함은 '소나'를 이용해 물체를 찾아내요. 소나는 소리를 분석해 거리와 방향을 파악하는데, 크게 두 가지 방식이 있어요. 능동 소나는 소리를 낸 뒤 반사되는 소리를 분석하는 방식이고, 수동 소나는 배 주변에서 나는 물체의 소리를 조용히 듣는 방식이에요. 소나는 어선, 연구선, 군함 등 여러 곳에 널리 활용되고 있답니다.

과학 퀴즈

초음파를 듣고 방향을 찾는 박쥐의 능력은 무엇일까요?

정답 반향정위

28 얼음 속에 갇힌 고대 바이러스가 깨어난다고?

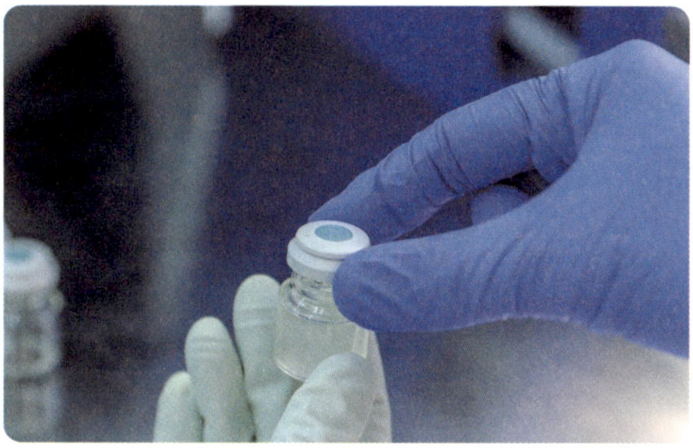

북극처럼 추운 지역에는 계절에 상관없이 얼어붙어 있는 '영구동토층'이라는 땅이 있어요. 그런데 지구 온난화로 이 땅이 녹으면서, 잠들어 있던 미생물이나 고대 바이러스가 다시 깨어날 수 있다고 과학자들이 경계하고 있어요.

4만 년 전 바이러스가 깨어났다고요?

과학자들은 시베리아의 영구동토층에서 4만 8천 년 전 바이러스를 발견했어요. 이 바이러스는 다시 살아나 아메바 안에서 활동했는데, 다행히 사람에게 해로운 바이러스는 아니었어요. 하지만 앞으로 위험한 바이러스가 깨어날 가능성도 있어요. 과거에 유행했던 천연두 바이러스처럼요. 그래서 과학자들은 녹고 있는 땅속 미생물을 계속 조사하며 새로운 바이러스에 대해 경고하고 있어요.

우리는 지구를 어떻게 지켜야 할까요?

영구동토층이 녹으면 단순히 얼음이 사라지는 것이 아니라, 새로운 질병이 생길 수도 있어요. 생태계 전체의 균형이 무너질 수도 있지요. 바이러스뿐만 아니라, 오랫동안 얼어 있던 고대 식물의 씨앗이나 박테리아가 깨어날 수 있거든요. 그렇기 때문에 우리는 지금보다 더 지구를 아껴야 해요. 석탄과 같은 화석 연료의 사용을 줄이고, 숲을 보호해야 해요. 그뿐만 아니라 에너지를 아껴 쓰는 일도 중요해요. 가까운 거리는 걸어 다니기, 사용하지 않는 전자 제품 끄기 등 일상생활에서 우리가 함께 실천할 수 있는 작은 일부터 해 나간다면 지구의 온도를 천천히 되돌릴 수 있을 거예요.

O/X 퀴즈

1. 영구동토층은 여름이 되면 녹고, 겨울이 되면 어는 땅이에요. (O/X)
2. 지구가 더워지면서 고대 바이러스가 다시 활동하기도 했어요. (O/X)
3. 지금까지 발견된 고대 바이러스는 모두 아주 위험했어요. (O/X)

정답 X, O, X

과학 상식 더하기

얼음처럼 꽁꽁 언 땅, 영구동토층이 뭘까?

영구동토층은 시베리아나 알래스카처럼 추운 지역에 있는, 일 년 내내 얼어 있는 땅이에요. 이 땅속에는 오래된 동식물, 세균 등이 그대로 보존되어 있어요. 그런데 지구가 점점 더워지면서 영구동토층이 녹기 시작했어요. 땅이 녹아 그 안의 바이러스나 온실가스가 나오면 위험할 수 있기 때문에 과학자들이 주의 깊게 보고 있어요.

숨은그림찾기

연구실에 숨은 그림을 모두 찾아보세요!

숨은 그림

- ☐ 바지
- ☐ 하트
- ☐ 양초
- ☐ 부채
- ☐ 서프보드

정답

29 지구에서 가장 오래 사는 생명체는 뭘까?

사람은 백 살만 넘어도 오래 살았다고 하는데, 어떤 나무는 수천 년을 살아도 끄떡없어요. 원주 반계리의 은행나무는 수령이 1,300년이나 되었지요. 세상에는 이렇게 아주 오래 사는 생명체들이 있답니다.

바람, 눈보라도 견디는 나무의 몸

미국 서부의 화이트 산맥에 있는 '브리슬콘 소나무'는 무려 4,000년도 넘게 살았어요! 어떻게 그렇게 오래 살 수 있을까요? 브리슬콘 소나무는 일단 천천히 자라요. 나무가 빠르게 자라다 보면 몸에 약한 부분이 생기기 쉬운데, 이 나무는 조금씩 단단하게 자라기 때문에 바람이나 눈보라, 더위와 추위에도 끄떡없지요. 또 몸속에 나무를 지켜 주는 끈적끈적한 액체인 '수지'가 많아서 병균이나 곤충의 공격도 막아 줘요. 마치 튼튼한 갑옷을 입고 있는 것과 같지요.

뿌리로 이어져 살아가는 친구들

'클론 나무 군락'이라고 불리는 나무들도 아주 오래 살아요. 겉으로 보기엔 여러 그루의 나무처럼 보이지만, 사실은 모두 한 뿌리로 이어져 있어요. 예를 들어, 미국에 있는 '판도'라는 나무 무리는 하나의 뿌리에서 자란 나무들만 4만 그루가 넘으며, 8만 년 넘게 살아온 것으로 추정돼요. 먼저 자란 나무가 오래 살지 못하더라도 뿌리에서 새로운 나무가 계속 자라나기 때문에 결국 아주 오랫동안 생명을 이어 갈 수 있지요.

O/X 퀴즈

1. 수지가 많은 나무는 병균이나 곤충의 공격을 잘 막아 낼 수 있어요. (O/X)
2. 브리슬콘 소나무는 일주일밖에 살지 못하는 아주 약한 나무예요. (O/X)
3. '판도'라는 나무 군락은 8만 년 넘게 같은 뿌리로 이어져 살아오고 있어요. (O/X)

정답 O, X, O

과학 상식 더하기

나무의 수지는 왜 특별할까?

나무에 상처가 나면 그 자리에 끈적한 액체가 흘러나오는데, 이것을 '수지'라고 해요. 수지는 나무에 병균이나 곤충이 들어오지 못하게 막아 주는 역할을 해요. 나무가 다쳤을 때 상처를 덮어 주고, 몸속을 보호하지요. 수지는 시간이 지나면 굳어서 딱딱한 껍질처럼 변해요. 그래서 수지가 많은 나무는 더 튼튼하고 오래 살지요.

과학 퀴즈

나무의 나이를 알 수 있는 둥근 무늬는 무엇일까요?

정답 나이테

30 바닷물로 농사를 짓는다고?

농사를 지을 때 가장 중요한 것은 바로 물이에요. 그래서 반드시 근처에 강이나 호수가 있어야 하지요. 하지만 바닷물이나 바닷가 근처의 짠 땅에서도 잘 자라는 아주 특별한 식물이 있어요. 바로 '염생 식물'이에요.

바닷물에도 끄떡없는 염생 식물

염생 식물은 소금기가 많은 바닷가 땅이나 바닷물 속에서도 잘 자라요. 보통 식물들은 소금 때문에 말라 죽지만, 염생 식물은 몸속에 들어온 소금을 밖으로 내보내거나 잎에 모아 두고 버리는 특별한 능력이 있어요. 예를 들어, 함초나 칠면초 같은 식물은 바닷가에서도 건강하게 자라요. 또 어떤 식물은 소금기를 몸속에 품고 있어, 먹으면 짭짤한 맛이 나기도 하지요.

물 부족과 식량 문제를 해결할 열쇠

앞으로 지구에는 깨끗한 물이 점점 부족해질지도 몰라요. 그래서 바닷물로 농사를 지을 수 있다면 미래의 먹거리를 마련하는 좋은 대안이 될 거예요. 염생 식물을 키우는 '해수 농업'은 깨끗한 물 대신 바닷물을 사용해서 식량을 생산하는 방법이에요. 사람들이 직접 먹을 수 있는 식물도 있고, 가축의 사료로 쓰이는 식물도 있지요. 지금은 아직 연구 단계에 있지만 미래에는 사막이나 바닷가 근처에서도 농사를 지을 수 있는 멋진 기술이 탄생할 거예요. 염생 식물을 이용해 물 부족 문제와 식량 확보 문제를 함께 해결할 수 있기를 기대해 보아요!

O/X 퀴즈

1. 염생 식물은 바닷물이나 소금기가 많은 땅에서도 잘 자라요. (O/X)
2. 모든 식물은 바닷물에 닿으면 더 잘 자라고, 맛도 좋아져요. (O/X)
3. 해수 농업은 바닷물을 이용해 식량을 생산하는 미래의 농업 기술이에요. (O/X)

정답 O, X, O

과학 상식 더하기

해수 농업은 무엇일까?

해수 농업은 바닷물을 그대로 사용해서 염생 식물을 키우는 특별한 농사예요. 염생 식물로는 사람의 식재료로 쓰이는 퀴노아, 함초 등이 있어요. 이외에도 가축의 먹이로 쓰이거나 화장품, 바이오 연료를 만드는 데 쓰이는 식물도 있어요. 해수 농업은 이미 영국, 아랍 에미리트, 네덜란드, 미국 등에서 시도되고 있어요. 언젠가 물이 부족한 곳에서도 바닷물로 농사를 짓는 시대가 올 거예요.

선으로 이어요

보기의 현상과 그 원인을 찾아 선으로 연결해 보세요.

① 바닷물에서 죽는 식물	㉠ 소금기를 내보내는 능력
② 바닷물에서 자라는 함초	㉡ 많은 소금기
③ 해수 농업 연구	㉢ 미래의 식량 문제 해결

정답 ①-㉡, ②-㉠, ③-㉢

31 음식물 쓰레기를 이롭게 쓸 순 없을까?

우리가 식사 후 남긴 음식은 대개 음식물 쓰레기가 되어 버려져요. 하지만 과학자들이 음식물 쓰레기를 다시 유용하게 활용하는 방법을 찾아냈답니다.

음식물 쓰레기를 먹고 자라는 곤충, 동애등에 유충!

'동애등에 유충'은 아주 특별한 곤충이에요. 이 애벌레는 음식물 쓰레기를 먹고 쑥쑥 자라요. 그렇게 자란 유충은 가축의 사료로 사용되는데, 워낙 단백질이 풍부하고 성장 속도도 빨라서 닭이나 돼지, 물고기 같은 동물들을 건강하게 키우는 데 도움이 된답니다. 게다가 그 자체로 음식물 쓰레기를 줄이는 데 효과적이라서 환경을 지키고, 자원도 아낄 수 있는 아주 좋은 재료가 되지요.

미생물로 만드는 비료와 바이오 가스

또 다른 활용 방법은 미생물을 이용해 음식물 쓰레기를 발효시키는 거예요. 이렇게 하면 친환경 비료나 바이오 가스가 만들어져요. 비료는 농작물을 더 잘 자라게 하는 영양제이고, 바이오 가스는 전기를 만들거나 난방에 쓸 수 있는 에너지예요. 골칫덩어리였던 쓰레기가 식물도 키우고, 전기를 만드는 자원으로 탈바꿈하는 거지요. 동애등에 같은 곤충과 미생물의 힘을 빌리면 자연도 살리고, 자원도 아끼고, 에너지도 만들 수 있는 멋진 생명 과학 기술을 선보일 수 있어요. 앞으로 우리가 버리던 것들이 어떻게 다시 활용될 수 있을지 고민해 보아요.

O/X 퀴즈

1. 동애등에 유충은 음식물 쓰레기를 먹고 자라는 곤충이에요. (O/X)
2. 음식물 쓰레기를 발효시키면 비료나 바이오 가스를 만들 수 있어요. (O/X)
3. 동애등에 유충은 단백질이 부족해서 가축 사료로 쓸 수 없어요. (O/X)

정답 O, O, X

과학 상식 더하기

바이오 가스는 어떻게 만들까?

바이오 가스는 음식물 쓰레기, 가축 배설물, 식물 찌꺼기처럼 썩는 것들을 미생물로 발효시켜 만드는 친환경 에너지예요. 이 과정을 통해 메테인이라는 가스가 나오는데, 메테인은 전기를 만들거나 난방 연료로 사용돼요. 즉, 바이오 가스는 환경도 보호하고, 에너지도 얻을 수 있는 생명 과학 기술인 셈이지요.

과학 상식툰

32 모기는 어떤 사람을 물까?

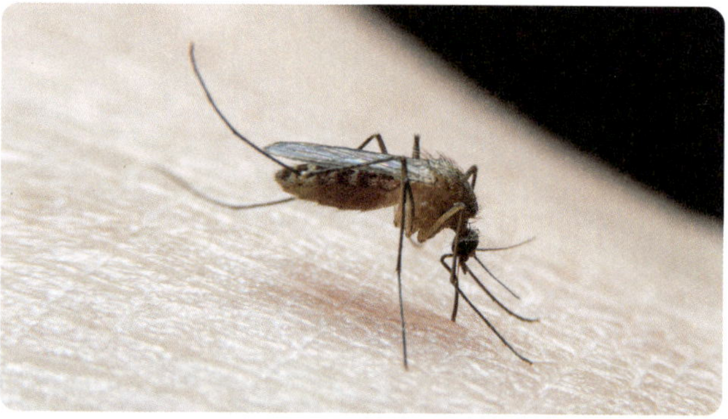

모두 같은 방에 있어도 유독 한 친구만 모기에 물리는 경우가 있어요. 운이 나쁘다고 생각할 수도 있지만, 사실 모기가 좋아하는 사람은 따로 있어요. 과연 모기는 어떤 사람을 좋아할까요?

모기는 '냄새 탐지기'처럼 사람을 찾아요

모기는 단순히 아무나 물지 않아요. 사람이 내쉬는 이산화 탄소, 체온, 땀 냄새를 감지해서 사냥감을 찾아내지요. 운동을 한 후 몸이 따뜻해지고 땀이 난 사람, 숨을 헐떡이며 많이 내쉬는 사람은 모기를 유혹하는 신호를 보내는 셈이에요. 또 피부에 있는 세균 때문에 냄새가 더 강한 사람도 모기가 좋아해요. 그래서 체온이 높거나 땀이 많은 사람은 모기에게 인기 만점이지요. 어떤 모기에게 잘못 물리면 고열을 일으키는 말라리아 같은 무서운 병에 걸릴 수도 있으니 조심해야 해요.

과학적으로 모기를 피하는 방법

모기를 피하려면 그냥 도망치는 것보다 더 좋은 방법이 있어요. 우선, 밝은색 옷을 입으면 모기가 덜 다가와요. 모기는 어두운색을 더 잘 보고 좋아하거든요. 그리고 강한 땀 냄새나 향이 짙은 향수는 조심하는 편이 좋아요. 격한 운동을 해서 땀이 많이 났다면 옷을 갈아입고, 샤워를 자주 하는 게 도움이 되지요. 또 모기가 싫어하는 향이 나는 기피제를 몸에 뿌리거나, 밤에 모기장을 치고 자면 더 확실하게 모기를 피할 수 있답니다.

O/X 퀴즈

1. 밝은색 옷을 입으면 모기가 더 많이 다가와요. (O/X)
2. 모기는 사람이 내쉬는 이산화 탄소와 땀 냄새를 감지해서 사냥감을 찾아요. (O/X)
3. 운동을 하고 나면 체온이 올라가고 땀이 나서 모기가 더 잘 찾아내요. (O/X)

정답 X, O, O

과학 상식 더하기

모기 기피제는 어떻게 모기를 쫓을까?

모기 기피제에는 모기가 싫어하는 냄새를 만드는 성분이 들어 있어요. 이 냄새 때문에 모기가 사람에게 가까이 다가오지 못하는 거예요. 대표적으로 디에틸톨루아미드(DEET)나 레몬 유칼립투스 오일 같은 성분이 있어요. 기피제를 팔, 다리, 옷 위에 뿌리면 모기에게 보이지 않는 보호막을 입은 것과 같은 효과가 난답니다.

과학 퀴즈

특정 모기가 옮기는 질병으로, 고열과 오한이 반복되는 이 병은 무엇일까요?

정답 말라리아

33 오리는 물속에서도 왜 젖지 않을까?

오리는 물속에 풍덩 들어갔다가 나와도 깃털이 축축하게 젖어 있는 모습을 보기 힘들어요. 비 오는 날에도, 연못 안에서도 오리가 젖지 않은 채 물 위를 떠다닐 수 있는 이유는 무엇일까요? 과학적 사실을 통해 오리가 지닌 비밀을 함께 파헤쳐 보아요.

깃털에 바르는 '방수 기름'

오리의 엉덩이 부근에는 '기름샘'이라는 곳이 있어요. 오리는 여기에서 나오는 기름을 부리로 쓱쓱 묻혀서 깃털에 골고루 바르지요. 이렇게 하면 깃털에 방수 코팅이 생겨요. 그래서 물방울이 깃털 위에서 미끄러져 떨어지게 되는 거지요. 덕분에 오리는 물속에 들어가도 깃털이 잘 젖지 않고, 물 위에 오래 떠 있을 수 있어요. 마치 우비를 입은 것처럼 말이에요.

공기층 덕분에 따뜻함도 지켜요

오리 깃털 사이에는 아주 가볍고 부드러운 공기층이 있어요. 그런데 이 공기층이 물에 젖어 버리면 체온이 떨어져서 감기에 걸릴 수도 있답니다. 하지만 기름 덕분에 깃털이 젖지 않으니까 공기층도 그대로 유지되고 따뜻함도 지킬 수 있는 거예요. 그래서 오리는 차가운 물 위에서도 오랫동안 떠 있을 수 있지요. 펭귄이나 해달도 오리와 비슷하게 털 사이에 공기층을 유지해서 체온을 지켜요. 그 덕분에 추운 바다에서도 따뜻하게 살아갈 수 있답니다.

O/X 퀴즈

1. 오리의 깃털 사이에 있는 공기층은 물에 젖어야 체온을 잘 유지할 수 있어요. (O/X)
2. 오리가 물 위에 오래 떠 있을 수 있는 건 깃털의 방수 코팅 덕분이에요. (O/X)
3. 오리는 기름샘에서 나온 기름을 깃털에 바르기 때문에 깃털이 잘 젖지 않아요. (O/X)

정답 X, O, O

과학 상식 더하기

해달은 차가운 바닷물에서 어떻게 살 수 있을까?

해달은 얼음이 떠다니는 아주 차가운 바다에서도 잘 자고 헤엄치는 동물이에요. 해달이 추위에 떨지 않는 데에는 특별한 비밀이 있어요. 해달은 피부 근처에 기름샘이 있어서 기름을 털에 바르며 꼼꼼히 손질해요. 이 기름이 털에 방수 막을 만들어서 물이 털 안으로 들어오지 못하게 막아 주지요. 또 해달의 털은 아주 촘촘해서 공기층이 생기고 따뜻한 체온이 유지된답니다. 오리와 비슷하지요?

숨은그림찾기

호숫가에 숨은 그림을 모두 찾아보세요!

숨은 그림

- ☐ 안경
- ☐ 브로콜리
- ☐ 지팡이
- ☐ 이어폰
- ☐ 빗

정답

34 식물도 대화를 나눌 수 있다고?

나무나 풀은 말을 하지 않으니까 조용한 생물이라고 생각하기 쉬워요. 그런데 식물은 우리 눈에 보이지 않는 곳, 바로 땅속에서 비밀스럽게 대화를 나누고 있다는 사실을 알고 있나요?

균사체는 땅속의 비밀 통신선

땅속에는 '균사체'라고 불리는 가느다란 실처럼 생긴 곰팡이 줄기들이 퍼져 있어요. 이 균사체는 식물의 뿌리와 연결되어 식물들이 서로 영양분을 주고받는 통로 역할을 해요. 예를 들어, 햇빛을 많이 받은 나무는 균사체를 통해 햇빛을 덜 받은 식물에게 자신의 영양분을 나누어 주기도 하고, 반대로 자신이 부족할 때 도움을 받기도 하지요. 마치 친구끼리 도시락을 나누어 먹는 것처럼요.

위험하면 도와 달라는 신호도 보내요

이 땅속 네트워크는 단지 영양분만 나누는 게 아니에요. 어떤 식물이 해충의 공격을 받으면 균사체를 통해 위험하다는 신호를 주변 식물들에게 보내기도 해요. 신호를 받은 식물은 미리 해충을 쫓는 물질을 만들어 해충의 공격에 대비할 수 있어요. 이런 방식으로 식물들이 서로를 보호하고 도와주면서 숲 전체가 건강하게 살아가는 거예요. 우리 눈에는 가만히 있는 것처럼 보이지만, 식물들도 땅속에서 놀라운 방식으로 서로 긴밀하게 연결되어 있답니다. 다음에 숲에 갈 일이 있다면 발밑에서 오가는 식물들의 속삭임을 상상해 보세요!

O/X 퀴즈

1. 식물은 서로 아무런 소통도 하지 않아요. (O/X)
2. 균사체는 식물들이 영양분을 주고받는 통로 역할을 해요. (O/X)
3. 식물은 해충의 공격을 받아도 다른 식물에게 위험 신호를 보낼 수 없어요. (O/X)

정답 X, O, X

과학 상식 더하기

세계에서 가장 큰 곰팡이는 무엇일까?

미국 오리건주의 한 숲속에 2,000년 넘게 살아온 거대한 곰팡이가 있어요. 이 곰팡이는 우리가 '균사체'라고 부르는, 가느다란 실처럼 생긴 줄기를 넓게 펼치며 자라요. 그 크기가 축구장 1,400개를 합친 정도로, 약 $10km^2$에 달한다고 해요. 이 곰팡이의 이름은 '아밀라리아 오스토야에(Armillaria ostoyae)'로, 오래된 나무의 뿌리 안팎에 자리 잡고 계속 자란답니다.

과학 퀴즈

식물끼리 해충의 위험을 미리 알려 주는 땅속 신호 통로는 무엇일까요?

정답 균사체

35 우리 몸속에 있는 착한 바이러스

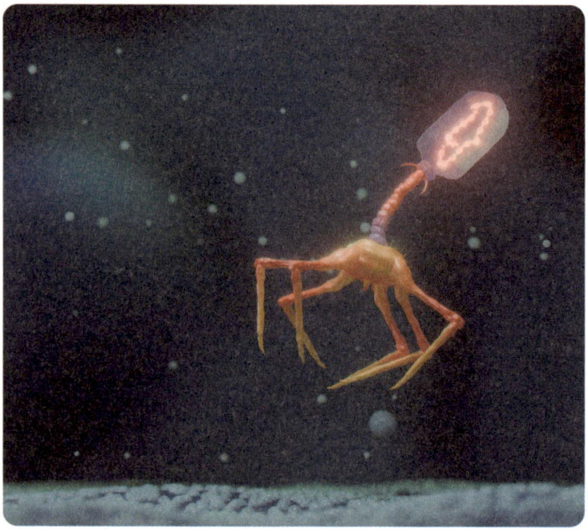

모든 바이러스가 나쁜 것은 아니라는 사실, 혹시 알고 있나요? 흔히 바이러스라고 하면 일반 감기나 독감처럼 병을 일으키는 나쁜 바이러스를 떠올리기 쉬워요. 하지만 사실 우리 몸에는 좋은 바이러스도 함께 살고 있답니다.

세균 사냥꾼, 박테리오파지

박테리오파지는 세균만 찾아가 감염시키는 특이한 바이러스예요. 생김새는 마치 달 착륙선처럼 생겼고, 뾰족한 다리로 세균에 달라붙어 유전자를 집어넣어요. 그러면 세균은 박테리오파지를 복제하는 공장처럼 변하면서 결국 터져 버려요. 이런 방식으로 박테리오파지는 몸에 해로운 세균만 골라서 없애 준답니다. 그래서 항생제가 듣지 않는 세균 감염 치료에 박테리오파지를 활용하려는 연구가 활발해지고 있어요.

'바이러스 치료제'라는 새로운 가능성

박테리오파지는 사람의 세포를 공격하지 않고 오직 세균만 노리기 때문에 부작용이 적고 정확한 치료가 가능해요. 특히 항생제 내성균이 문제로 떠오르는 요즘, 박테리오파지는 새로운 희망으로 떠오르고 있어요. 실제로 유럽이나 미국의 일부 병원에서는 박테리오파지를 이용한 치료를 시도하고 있고, 한국에서도 관련 연구가 계속 진행 중이에요.

O/X 퀴즈

1. 박테리오파지는 우리 몸의 세포를 공격해서 병을 일으키는 해로운 바이러스예요. (O/X)
2. 박테리오파지는 해로운 세균만 골라서 없애 버려요. (O/X)
3. 박테리오파지는 항생제가 듣지 않는 세균 감염 치료에도 활용될 수 있어요. (O/X)

정답 X, O, O

과학 상식 더하기

약이 듣지 않는 세균이 있다고?

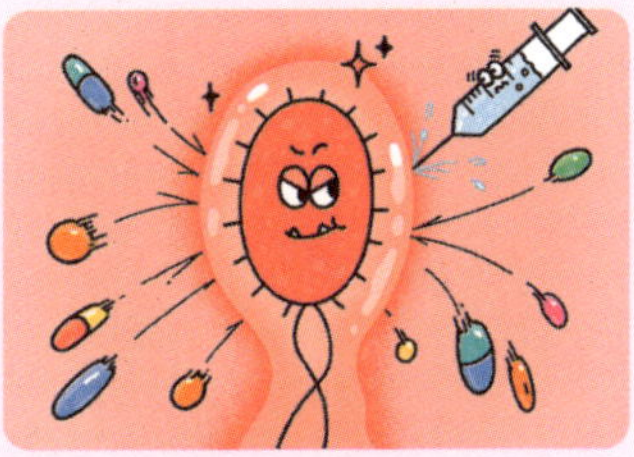

세균을 죽이는 데 쓰이는 항생제도 시간이 지나면 효과가 떨어질 수 있어요. 일부 세균이 항생제에 적응하면 약이 잘 듣지 않거든요. 이런 세균을 '항생제 내성균'이라고 불러요. 항생제 내성균은 치료가 어렵기 때문에 환자의 치료 기간이 길어지고 위험이 높아져 큰 문제가 되고 있어요. 그래서 최근에는 항생제를 너무 자주, 많이 쓰지 않도록 조심하자는 이야기가 나오고 있지요.

선으로 이어요

보기의 설명과 어울리는 단어를 선으로 연결해 보세요.

① 세균에 유전자를 넣어 감염시키는 특이 바이러스	㉠ 항생제 내성균
② 박테리오파지가 찾아가 감염시키는 것	㉡ 박테리오파지
③ 약이 잘 듣지 않아 치료가 어려운 세균	㉢ 세균

정답 ①-㉡, ②-㉢, ③-㉠

36 꿀벌이 모두 사라지면 어떻게 될까?

혹시 꿀벌이 꿀만 만드는 곤충이라고 생각하지 않나요? 사실 꿀벌은 꿀을 만들 뿐만 아니라 우리가 매일 먹는 과일과 채소가 자랄 수 있도록 돕는 중요한 일을 하고 있어요. 만약 꿀벌이 없다면 우리의 식탁은 지금과 많이 달라질 거예요. 과연 꿀벌은 어떤 역할을 할까요?

꽃가루를 옮기는 꿀벌의 비밀 임무

식물이 열매를 맺으려면 꽃가루가 꽃의 수술에서 암술로 옮겨지는 과정, 즉 '수분'이 꼭 필요해요. 꿀벌은 꽃에서 꿀을 모으는 동안 다리에 꽃가루를 묻히고 다른 꽃으로 옮겨 다니며 자연스럽게 수분을 도와주어요. 덕분에 사과, 딸기, 참외 같은 열매들이 맺히는 거예요.

꿀벌이 사라지면 일어나는 일들

만약 꿀벌이 모두 사라진다면, 수분이 제대로 이루어지지 않아 과일과 채소 수확량이 크게 줄어들 거예요. 그럼 우리가 좋아하는 사과, 오이, 딸기, 수박 같은 식재료가 점점 귀해지고, 가격도 올라가게 될 거예요. 게다가 먹이가 줄어든 동물들이 생겨나 먹이사슬이 흔들릴 수 있답니다. 실제로 중국 일부 지역에서는 꿀벌 개체 수가 급격히 줄어들어 사람들이 일일이 손으로 꽃가루를 옮기는 '인공 수분' 작업을 하고 있어요. 하지만 인공 수분은 자연적인 수분보다 훨씬 비효율적이고, 수분의 정확도도 떨어져 열매가 제대로 맺히지 않는 경우가 많아요.

O/X 퀴즈

1. 식물이 열매를 맺으려면 수분이라는 과정이 필요해요. (O/X)
2. 꿀벌은 꿀만 만들고 식물과는 아무런 관련이 없어요. (O/X)
3. 꿀벌이 사라지면 우리가 먹을 수 있는 과일과 채소가 줄어들 거예요. (O/X)

정답 O, X, O

과학 상식 더하기

말벌과 꿀벌은 어떻게 다를까?

꿀벌은 몸에 털이 많아 꽃가루를 효과적으로 묻혀 수분을 돕는 데 유리한 반면, 말벌은 털이 적고 몸이 매끈하여 사냥 및 민첩한 비행에 유리해요. 또 꿀벌은 한 번 쏘면 침이 빠져나와 죽지만, 말벌은 여러 번 쏠 수 있어서 위험해요. 그래서 말벌을 만나면 특히 조심해야 해요. 비슷해 보여도 꿀벌은 자연을 살리는 조력자, 말벌은 포식자인 셈이랍니다.

숨은그림찾기

꽃집에 숨은 그림을 모두 찾아보세요!

숨은 그림

- □ 바나나
- □ 플라스크
- □ 장갑
- □ 강아지
- □ 아령

정답

37 달팽이 집은 왜 등에 매달려 있을까?

달팽이는 항상 등 위에 작고 동그란 집을 짊어지고 다녀요. 마치 무거운 짐처럼 보이기도 하지만, 사실 이 집은 '패각'이라고 하는 달팽이의 방패예요. 달팽이는 태어날 때부터 작고 투명한 패각을 지고 나오는데, 자라면서 그 패각이 점점 커지고 단단해져요.

내장 기관을 지키는 단단한 보호막

달팽이의 집, 패각은 단순한 껍데기가 아니에요. 그 속에는 심장, 폐, 소화 기관 같은 중요한 장기들이 들어 있어요. 그래서 패각은 달팽이의 가장 소중한 부분을 감싸 주는, 살아 있는 갑옷과도 같답니다. 달팽이는 위험을 느끼면 몸을 껍데기 안으로 쏙 숨겨 자신을 보호하곤 하지요.

건조한 날에도 수분을 지켜 줘요

달팽이는 촉촉한 환경을 무척 좋아해요. 그런데 날씨가 너무 덥거나 건조해지면 몸이 마를 수 있어요. 그럴 때면 집 속으로 들어가 수분이 날아가지 않도록 몸을 보호하지요. 실제로 긴 가뭄이나 더운 날에는 입구를 막아 두고 오랫동안 집 안에 숨어 지내기도 한답니다. 게다가 달팽이는 몸에서 나오는 점액 덕분에 피부가 마르지 않고, 거친 땅에서도 부드럽게 움직일 수 있어요. 이 점액도 달팽이가 수분을 지키는 데 중요한 역할을 하지요. 달팽이의 집은 그저 짐이 아니라 자신의 생명을 지키는 작은 요새인 셈이에요.

O/X 퀴즈

1. 달팽이의 집은 심장, 폐 같은 중요한 장기를 보호해 주어요. (O/X)
2. 달팽이는 몸이 더러워질 때마다 껍질을 벗고 새로 만들어요. (O/X)
3. 건조한 날씨에는 달팽이가 집 안에 들어가 몸의 수분을 지켜요. (O/X)

정답 O, X, O

과학 상식 더하기

소라도 방패가 있다고!

소라는 달팽이처럼 껍데기를 가진 바다 생물이에요. 태어날 때부터 집을 가지고 나오지요. 소라 껍데기는 외부 충격으로부터 몸을 보호해 주고, 천적이 나타나면 몸을 숨겨 주는 안전한 방패 역할도 해요. 껍데기의 모양은 나선처럼 돌돌 말린 형태로, 안쪽이 좁고 깊어요. 소라는 그 안에 몸을 통째로 숨길 수 있답니다.

과학 퀴즈

달팽이의 몸이 마르지 않도록 도와주는 끈적한 보호막은 무엇일까요?

정답 점액

38 뼈 없는 물고기가 있다고?! 유령상어의 비밀!

바닷속에는 우리가 상상하지 못할 만큼 신기한 생물들이 살고 있어요. 그중에는 마치 상어처럼 생겼지만, 단단한 뼈가 없는 '유령상어'도 있지요. 과학 분야에서는 '키메라'라고 불리는 생물이랍니다.

뼈 대신 연골로 이루어진 몸

유령상어는 이름처럼 신비롭고 있는 듯 없는 듯 조용히 살아가는 물고기예요. 이 물고기는 다른 물고기처럼 단단한 뼈가 없고, 연골이라는 말랑말랑한 조직으로 이루어져 있어요. 연골은 우리가 무릎이나 귀에서 만져 볼 수 있는 것처럼 부드러운 물질인데, 유령 상어는 몸 전체가 그런 연골로 이루어져 있답니다. 덕분에 몸이 무겁지 않아서 아주 부드럽게 움직일 수 있어요. 그래서 깊고 어두운 바닷속에서도 혼자 유유히 헤엄치곤 한답니다.

심해 맞춤 물고기

유령상어는 수백 미터 아래의 깊은 바다, 즉 심해에 살고 있어요. 이곳은 햇빛이 거의 닿지 않고, 물의 압력이 매우 강해요. 이런 환경에 적응하기 위해 유령상어는 큰 눈과 넓은 지느러미, 그리고 촉감으로 먹이를 찾을 수 있는 '측선'이라는 특별한 감각 기관을 가지고 있어요. 유령상어는 이처럼 독특한 몸 구조와 능력을 이용해 아무도 쉽게 가지 못하는 바닷속 깊은 곳에서 머물러요. 그래서 인간에게 발견되는 일도 드물지요. 마치 심해 맞춤 물고기 같지 않나요?

O/X 퀴즈

1. 유령상어의 몸은 단단한 뼈 대신 연골로 이루어져 있어요. (O/X)
2. 유령상어는 얕은 강가나 호수에 주로 살아요. (O/X)
3. 유령상어는 깊은 바닷속에 적응하기 위해 큰 눈과 측선을 가지고 있어요. (O/X)

정답 O, X, O

과학 상식 더하기

'키메라'라는 이름, 어디서 왔을까?

유령상어의 또 다른 이름인 '키메라'는 그리스 신화에 나오는 괴물의 이름에서 따왔어요. 신화 속 키메라는 사자, 염소, 뱀이 한 몸에 붙어 있는 무서운 존재예요. 실제로 바닷속의 키메라류는 상어와 가오리의 특징이 섞여 있어요. 상어처럼 연골로 된 뼈대를 가지고 있는 반면, 넓은 지느러미와 긴 꼬리는 가오리를 닮았답니다.

과학 상식툰

39 도시에 사는 동물은 정말 더 똑똑할까?

도시 한복판에서 까마귀나 너구리를 본 적 있나요? 차가 쌩쌩 달리고 사람들이 북적이는 곳에서도 저마다의 방법으로 씩씩하게 살아가는 동물들이 있어요. 이 동물들은 밤이 되면 음식물을 찾아다니거나, 건물 틈새에 둥지를 틀기도 해요. 그런데 도시에 사는 동물들은 정말 더 똑똑할까요?

복잡한 도시, 동물들의 생존 학교

도시는 동물들에게 도전이 가득한 곳이에요. 차를 피하고, 먹이를 찾고, 사람의 눈을 피해 안전하게 움직이며 여러 문제를 해결해야 하지요. 환경에 잘 적응하는 동물일수록 오래 살아남을 확률이 높아져요. 또 그런 동물의 자손도 똑같이 영리할 가능성이 높아요. 이런 과정이 오랜 시간 반복되면, 도시에 사는 동물 전체가 점점 더 똑똑해져요. 바로 이것이 '진화'랍니다.

까마귀와 너구리의 놀라운 도시 생활

어떤 까마귀는 단단한 견과류를 일부러 도로에 떨어뜨려 달리는 차가 껍질을 깨게 해요. 그다음 신호등이 초록불로 바뀌면 안전하게 먹이를 주워 가지요. 또 담배꽁초를 물어 오면 먹이를 주는 훈련이 가능할 정도로 똑똑하답니다. 너구리는 밤에 쓰레기통을 뒤지며 먹을 수 있는 것과 못 먹는 것을 골라내고, 근처에 물이 있으면 앞발로 씻는 시늉도 해요. 이처럼 복잡한 도시에서 살고 있는 동물들은 점점 진화하고 있어요.

O/X 퀴즈

1. 까마귀는 딱딱한 견과류를 깨기 위해 자동차를 이용할 줄 알아요. (O/X)
2. 너구리는 쓰레기통에서 찾은 음식을 물에 씻는 시늉을 하기도 해요. (O/X)
3. 까마귀는 아무리 훈련을 시켜도 담배꽁초 같은 쓰레기를 줍지는 못해요. (O/X)

정답 O, O, X

과학 상식 더하기

적응과 진화는 어떤 점이 다를까?

적응은 동물이 새로운 환경에서 살아남기 위해 몸이나 행동을 바꾸는 거예요. 예를 들어, 도시에 사는 새는 사람 소리나 차 소음에 적응해 놀라지 않아요. 그런데 이 적응이 오랫동안 지속되면, 진짜로 몸의 특징이 바뀌는 진화가 일어나요. 그 예로, 도시의 비둘기는 매연 때문에 깃털이 점점 어두운색을 띠게 되었답니다.

숨은그림찾기

도시에 숨은 그림을 모두 찾아보세요!

숨은 그림

- ☐ 책
- ☐ 컵
- ☐ 고깔모자
- ☐ 장화
- ☐ 비둘기

정답

40 곰팡이를 만지면 병에 걸릴 수도 있다고?

오래된 빵이나 과일, 채소 등에 난 곰팡이를 본 적 있나요? 겉보기엔 그냥 푸슬푸슬한 털 같지만, 어떤 곰팡이는 사람에게 병을 일으킬 수 있는 위험한 생물이기도 해요. 그래서 곰팡이가 생긴 음식을 함부로 만지거나 먹는 건 아주 위험하답니다.

곰팡이가 만드는 독소와 질병

곰팡이 중에는 몸에 독소(마이코톡신)를 만드는 종류도 있어요. 이런 곰팡이에 오염된 음식을 먹으면 배탈, 구토, 심하면 간이나 신장 손상 같은 심각한 문제가 발생할 수 있어요. 또 곰팡이에서 나온 씨앗 같은 가루, 즉 '포자'를 들이마시면 알레르기나 호흡기 질환이 생기기도 해요. 포자가 피부에 직접 닿으면 가려움증이나 피부병이 생기는 경우도 있답니다.

곰팡이가 좋아하는 환경과 예방법

곰팡이는 습하고 따뜻한 곳을 아주 좋아해요. 욕실, 싱크대 주변, 음식물 쓰레기통처럼 물기가 많고 통풍이 잘 안 되는 곳은 곰팡이가 생기기에 딱 좋은 장소예요. 곰팡이가 나지 않도록 예방하려면 환기를 자주 해 주고, 물기를 잘 닦아 내야 해요. 음식은 가급적 빨리 먹고, 남은 식재료는 밀봉하여 냉장고에 보관해야 하지요. 특히 침이 들어간 음식은 곰팡이가 생기기 쉬우니, 깨끗한 도구로 덜어 먹는 습관을 들이는 것이 좋아요. 곰팡이가 핀 음식은 겉만 떼어 내지 말고 통째로 버리는 게 안전하답니다.

O/X 퀴즈

1. 곰팡이는 습하고 따뜻한 환경을 좋아해요. (O/X)
2. 곰팡이가 핀 음식은 겉만 떼어 내고 먹으면 괜찮아요. (O/X)
3. 곰팡이의 포자는 알레르기나 호흡기 질환을 일으킬 수 있어요. (O/X)

정답 O, X, O

과학 상식 더하기

방심하면 병에 걸릴 수도 있다고?

눈에 보이지 않는 곰팡이의 씨앗인 '포자'는 공기 중에 떠다니다 몸에 들어와 질병을 일으키기도 해요. 예를 들어, 발가락에 생기는 무좀이나 입안에 염증이 생기는 칸디다증도 곰팡이 때문이지요. 특히 상한 땅콩이나 곡물에서 자라는 곰팡이는 '아플라톡신'이라는 독소를 만드는데, 이 독소는 간을 손상시키거나 간암을 일으킬 수 있어 아주 위험해요.

과학 상식툰

41 개미는 왜 줄지어 다닐까?

길을 걷다 보면 가끔 땅 위를 줄지어 바쁘게 움직이는 개미들을 볼 수 있어요. 마치 누가 정해 놓은 길을 따라 걷는 것처럼 보여요. 사실 개미들은 눈에 보이지 않는 특별한 길을 따라가고 있는 거랍니다.

페로몬, 개미들의 내비게이션

개미는 길을 가면서 '페로몬'이라는 화학 물질을 땅에 남겨요. 이 냄새를 다른 개미들이 맡고 그 길을 따라가는 거예요. 개미는 머리에 달린 더듬이를 이용해 페로몬 냄새를 아주 민감하게 감지해요. 더듬이는 개미에게 있어서 '코'이자 '손'의 역할을 하기 때문에 냄새를 맡고 서로 신호를 주고받는 데 꼭 필요해요. 페로몬은 개미들이 서로 먹이의 위치를 알려 주거나, 일터로 가는 경로를 표시해 주는 중요한 지도 역할을 해요. 많은 개미가 같은 길을 다니면 페로몬이 더 강하게 남아, 점점 더 많은 개미가 같은 길을 지나가게 된답니다.

페로몬으로 위험을 알려요

페로몬은 단순히 길을 안내할 뿐만 아니라 위험을 알리는 경고 신호로도 쓰여요. 천적을 만났거나 몸에 이상이 생긴 개미는 위험을 알리는 특별한 페로몬을 남겨요. 그러면 다른 개미들이 그 냄새를 맡고 길을 피해 가거나, 무리를 지어 위험에 빠진 개미를 도와주기도 하지요. 우리 눈엔 그저 조용히 줄을 지어 걷는 것처럼 보여도 개미들은 페로몬이라는 비밀 언어로 끊임없이 소통하고 있답니다.

O/X 퀴즈

1. 개미는 아무 방향으로나 줄지어 걸어가요. (O/X)
2. 개미는 냄새가 나는 페로몬을 남겨 다른 개미들에게 길을 알려 줘요. (O/X)
3. 개미는 위험한 상황에서도 페로몬으로 경고 신호를 보내요. (O/X)

정답 X, O, O

과학 상식 더하기

나방이 소통하는 방법

암컷 나방은 짝을 찾기 위해 공기 중에 특별한 향기를 뿜어내요. 수컷 나방은 수 킬로미터 밖에서도 이 향기를 감지하고 날아와요. 페로몬이 일종의 연애편지인 셈이지요. 곤충마다 서로 다른 페로몬을 쓰기 때문에 자신과 같은 종을 정확히 찾아낼 수 있어요. 요즘엔 농작물을 해치는 해충 수컷을 암컷의 페로몬으로 유인해 잡는 친환경적인 방법도 쓰인답니다.

선으로 이어요

보기의 설명과 어울리는 단어를 선으로 연결해 보세요.

① 개미가 동료들에게 길을 알려 주는 물질 •	• ㉠ 페로몬
② 개미가 특히 위험을 알릴 때 사용하는 물질 •	• ㉡ 경고 페로몬
③ 개미가 페로몬을 감지하는 데 사용하는 기관 •	• ㉢ 더듬이

정답 ①-㉠, ②-㉡, ③-㉢

42 스스로 빛을 내는 반딧불이, 꽁무니 불빛의 신호는?

어두운 여름밤, 풀숲을 날아다니는 작은 불빛을 본 적 있나요? 마치 살아 있는 전구처럼 깜빡이는 이 친구는 바로 반딧불이예요. 그런데 반딧불이의 빛은 어떻게 만들어질까요? 그리고 반딧불이는 왜 불을 켜고 다니는 걸까요?

열 없이 빛만 내는 '차가운 불빛'

반딧불이는 꽁무니에 있는 '발광 기관'에서 빛을 만들어 내요. 반딧불이의 몸속에는 '루시페린'이라는 화학 물질과 '루시페레이스'라는 효소가 들어 있는데, 이 둘이 산소와 만나면 열 없이 빛만 내는 화학 반응이 일어나요. 우리가 흔히 쓰는 전등은 빛과 함께 열이 나는 반면, 반딧불이는 에너지를 거의 낭비하지 않고 '차가운 빛'만 만들어 내는 신기한 능력을 가지고 있답니다.

빛으로 대화하는 반딧불이의 언어

반딧불이의 불빛은 단순히 예쁜 장식이 아니에요. 암컷과 수컷이 서로 신호를 주고받으며 짝을 찾는 데 사용하는 언어예요. 수컷은 하늘을 날며 깜빡이고, 암컷은 풀잎 위에서 그 신호에 응답해요. 반딧불이의 종류마다 깜빡이는 속도와 패턴이 달라서, 서로 다른 종끼리 헷갈리는 일은 없답니다. 또 어떤 반딧불이는 천적에게 "나 독 있어! 먹지 마!"라는 경고 신호로 빛을 내기도 해요. 이처럼 반딧불이의 작은 불빛에는 생존과 사랑 등 다양한 이야기가 숨어 있어요.

O/X 퀴즈

1. 반딧불이는 몸속 화학 반응으로 스스로 빛을 낼 수 있어요. (O/X)
2. 반딧불이의 빛은 전기를 사용해 만들어져요. (O/X)
3. 반딧불이는 깜박이는 불빛으로 서로 소통해요. (O/X)

정답 O, X, O

과학 상식 더하기

반딧불이의 빛, 과학 실험에 쓰이다!

반딧불이의 빛 반응은 과학자들에게 아주 유용하게 쓰여요. 과학자들은 반딧불이의 발광 원리를 연구해, 각종 실험에 활용하고 있어요. 예를 들어, 유전자 조작 실험을 하거나 약의 효과를 확인할 때 반딧불이의 발광 반응을 이용하면 눈에 보이지 않는 변화를 빛으로 확인할 수 있어요. 덕분에 복잡한 과정을 쉽게 관찰할 수 있답니다.

과학 퀴즈 - 난센스

엉덩이에 초록색 형광펜을 칠하고 다니는 동물은 무엇일까요?

정답 반딧불이(반딧불이의 빛은 대개 초록색이에요.)

43 독이 없는데 있는 척! 생존을 위한 명품 연기

자연에서 살아남는 일은 결코 쉽지 않아요. 언제 어디서 천적이 나타날지 모르기 때문이에요. 그래서 많은 동물들이 각자 나름의 생존 전략을 가지고 있답니다. 그중에는 놀랍게도 다른 동물을 흉내 내는 동물들도 있어요.

벌처럼 생긴 꽃등에의 비밀

윙윙 소리를 내는 벌을 만나면 혹시라도 쏘일까 봐 피하게 돼요. 그런데 자세히 보면, 벌처럼 생겼지만 벌이 아닌 작은 곤충, '꽃등에'일 수도 있어요. 꽃등에는 사실 독도, 침도 없지만 벌과 비슷한 줄무늬를 가지고 있어서 천적들이 쉽게 다가가지 못해요. 이처럼 다른 동물의 모습이나 행동을 흉내 내는 생존 전략을 '의태'라고 해요. 겉모습을 흉내 내서 천적에게 건드리지 말라고 경고하는 셈이에요.

진짜 독사처럼 보이는 뱀장어의 연기

물속에도 의태의 달인이 있어요. 바로 '뱀장어'예요. 뱀장어는 생김새가 독사처럼 생겼지만 실제로는 독이 없어요. 하지만 그 모습만 보고도 물고기나 새들이 겁을 먹고 도망가요. 심지어 어떤 뱀장어는 위협을 느끼면 몸을 구불구불 흔들며 진짜 뱀처럼 행동하기도 해요. 이렇게 겁주는 척만 해도 천적을 물리칠 수 있지요.

O/X 퀴즈

1. 꽃등에는 벌처럼 생겼지만 사실 침이 없어요. (O/X)
2. 의태는 몸속 독을 강하게 만들어 천적을 쫓는 생존 전략이에요. (O/X)
3. 어떤 뱀장어는 진짜 독사처럼 행동해서 천적을 속이기도 해요. (O/X)

정답 O, X, O

과학 상식 더하기

애벌레가 뱀처럼 보인다고?

나뭇잎 위를 기어가는 애벌레 중엔 마치 뱀처럼 보이는 녀석이 있어요. 바로 호랑나비 애벌레예요. 이 애벌레는 위협을 느끼면 몸 앞부분을 들어 올리고, 커다란 눈 모양 무늬를 드러내며 뱀을 흉내 내요. 독도, 무기도 없는 애벌레가 천적으로부터 자신을 지키기 위해 '의태'를 쓰는 거지요. 실제로 작은 새나 포식자가 호랑나비 애벌레를 보고 뱀인 줄 알고 도망가기도 한답니다.

숨은그림찾기

워터 파크에 숨은 그림을 모두 찾아보세요!

숨은 그림

- ☐ 애벌레
- ☐ 플라스크
- ☐ 초승달
- ☐ 연필
- ☐ 돌고래

정답

44 겨울잠 자는 곰은 왜 먹지도, 화장실에 가지도 않을까?

겨울이 되면 숲속은 조용해져요. 특히 곰처럼 큰 동물들이 겨울잠을 자러 굴속으로 들어가면 온 숲이 잠든 것 같아요. 동물들의 겨울잠은 단순히 오래 자는 것을 의미하지 않는답니다.

몸속 기능을 낮추는 '동면'의 과학

곰, 고슴도치, 박쥐, 개구리 같은 동물들은 먹을거리가 부족한 겨울을 나기 위해 겨울잠, 즉 '동면'이라는 특별한 상태에 들어가요. 동면 중에는 심장 박동과 호흡이 느려지고, 체온도 떨어져요. 몸의 활동을 거의 멈추는 대신 에너지 소모도 최소한으로 줄일 수 있지요. 그래서 오랫동안 음식을 먹지 않아도 배가 고프지 않아요. 곰은 겨울잠을 자기 전, 가을 동안 열심히 먹고 몸속에 두툼한 지방층을 쌓아 둬요. 그 지방이 겨울잠을 자는 동안 중요한 에너지원이 된답니다.

화장실을 가지 않아도 괜찮은 이유

그런데 곰은 겨울잠을 자는 동안 화장실에도 가지 않아요. 그게 가능한 이유는 곰의 몸이 노폐물을 재활용하기 때문이에요. 단백질이 다시 에너지로 바뀌고, 몸속에 쌓인 물도 아주 조금씩 흡수돼요. 이렇게 곰은 겨울 동안 먹지도, 움직이지도, 배설하지도 않고 건강하게 지낼 수 있답니다. 더 놀라운 사실은 동면을 마치고 깨어나도 곰의 근육이 거의 줄어들지 않는다는 거예요.

O/X 퀴즈

1. 곰은 겨울잠을 자는 동안 심장 박동과 호흡이 느려져요. (O/X)
2. 동면 중인 곰은 배가 고프면 중간에 일어나서 사냥을 해요. (O/X)
3. 곰은 겨울잠을 자는 동안 몸속에서 노폐물을 재활용해요. (O/X)

정답 O, X, O

과학 상식 더하기

개구리는 얼어붙어도 살 수 있다고?

어떤 개구리는 몸이 얼어붙는 얼음 속에서도 살 수 있어요. 바로 '북방산개구리' 같은 동면하는 개구리들이지요. 이 개구리들은 기온이 떨어지면 몸의 일부가 실제로 얼어요. 하지만 몸 안에서 포도당 같은 당분을 많이 만들어 내, 얼음 결정이 몸속 세포를 망가뜨리지 않도록 보호해요. 이후 날씨가 따뜻해지면 얼었던 몸이 천천히 녹으면서 다시 건강하게 움직인답니다.

과학 상식툰

45 플라스틱을 냠냠 먹어 치우는 슈퍼 벌레가 나타났다고?

물건을 담는 비닐봉지, 병뚜껑, 포장재까지 우리 주변에는 플라스틱이 넘쳐나요. 플라스틱은 썩지 않고 땅이나 바다를 오염시키는 주범이에요. 그래서 전 세계적으로 플라스틱 사용량을 줄이기 위해 노력 중이지요. 하지만 이 플라스틱이 벌레의 밥이 된다면 어떨까요?

플라스틱을 먹는 애벌레의 등장

어느 날, 꿀벌을 키우는 양봉가가 깜짝 놀랐어요. 벌집을 갉아먹던 애벌레가 비닐봉지도 갉아먹고 있었거든요. 그 정체는 바로 꿀벌부채명나방의 애벌레인 '왁스웜'이었지요. 과학자들은 이 애벌레의 몸속을 조사하다가 놀라운 사실을 발견했어요. 왁스웜의 장 속에 '폴리에틸렌'이라는 플라스틱을 분해하는 효소가 있었던 거예요. 이 효소는 딱딱한 플라스틱을 천천히 녹이고, 잘게 쪼개는 역할을 한답니다.

왁스웜, 플라스틱 쓰레기 문제의 해결사가 될까요?

우리가 일상생활에서 사용하는 일회용품은 대부분 플라스틱이에요. 안타깝게도 플라스틱은 잘 썩지 않아 환경을 오염시켜요. 하지만 왁스웜처럼 플라스틱을 먹고 분해하는 생물이 있다면 쓰레기 문제를 해결할 수 있는 실마리가 될 거예요. 현재 과학자들은 왁스웜의 효소를 더 깊이 연구해서 공장에서 플라스틱을 빠르게 분해할 수 있는 기술로 발전시키려 하고 있어요. 작은 벌레의 활약이 앞으로 지구를 지키는 데 큰 희망이 될지도 몰라요.

O/X 퀴즈

1. 왁스웜은 꿀벌을 잡아먹는 곰팡이예요. (O/X)
2. 왁스웜의 몸속에는 플라스틱을 분해할 수 있는 특별한 효소가 있어요. (O/X)
3. 왁스웜이 분해하는 플라스틱은 '폴리에틸렌'처럼 우리가 자주 쓰는 재질이에요. (O/X)

정답 X, O, O

과학 상식 더하기

플라스틱은 왜 썩지 않을까?

플라스틱은 자연 속 미생물이 분해하기 힘든 재료로 만들어졌어요. 원래 썩는다는 건 미생물이 음식물이나 나뭇잎 같은 유기물을 잘게 부수고, 다시 자연으로 돌려보낸다는 뜻이에요. 하지만 플라스틱은 '합성 고분자'라는 아주 길고 복잡한 화학 구조로 이루어져 있어서, 미생물이 그 구조를 알지 못해요. 그래서 수십 년에서 수백 년에 이르기까지 썩지 않고 그대로 남아 있는 거예요.

선으로 이어요

보기의 설명과 어울리는 단어를 선으로 연결해 보세요.

① 플라스틱을 먹는 애벌레	 폴리에틸렌
② 왁스웜이 분해하는 플라스틱의 종류	 왁스웜
③ 환경 문제를 일으키는 인공 재료	 플라스틱

정답 ①-왁스웜, ②-폴리에틸렌, ③-플라스틱

시미쌤과 함께하는 과학 글쓰기 ③

소금물로 키운다고? 해수 농업을 홍보하는 글쓰기

구영: 바닷물로 농사를 지을 수 있다고?

그리: 원래는 소금 때문에 농사짓기 어렵잖아.

구영: 그런데 과학 기술 덕분에 가능해졌대!

그리: 그럼 물이 부족한 곳에서도 농사를 지을 수 있겠네!

구영: 정말 잘됐어! 우리도 바닷물로 농사를 지어 볼까?

글쓰기 단서를 참고해서 글을 써 볼까요?

■ 단서 ① 바닷물에 강한 식물

과학자들은 염분이 많은 바닷물에서도 잘 자라는 식물을 연구하고 있어요. 예를 들어, 퀴노아 같은 식물은 소금을 견디며 바닷물 환경에서도 잘 자라요. 또 사막이나 물 부족 지역에서도 키울 수 있어 식량 문제를 해결해 줘요. 미래에는 더 다양한 작물이 바닷물에서도 튼튼하게 자라도록 개발될 거예요. 이런 식물 덕분에 가뭄에도 안정적으로 식량을 얻을 수 있어요.

■ 단서 ② 바닷물 정화 기술

바닷물에서 소금을 빼내는 담수화 기술이 발전하고 있어요. 예를 들어, 사우디아라비아에서는 바닷물을 깨끗한 물로 바꿔 농사에 사용하고 있어요. 이렇게 정화된 물로 키운 작물은 건강하고, 생산량도 늘어나요. 앞으로는 물이 부족한 나라에서도 이 기술 덕분에 쉽게 농사를 지을 수 있을 거예요. 담수화 기술은 지구 곳곳의 물 부족 문제를 해결하는 열쇠예요.

여러분, 물이 부족해서 농사를 못 짓는 곳이 많대요. 하지만 과학 기술 덕분에 새로운 방법이 생겼어요. 바닷물로 농사를 지을 수 있다니, 정말 신기하죠?

1 필요성을 말해요! : 해수 농업이 어떤 환경에서 필요할지 알려 주세요.

2 직접 홍보해요! : 해수 농업이 필요한 사람들을 대상으로, 해수 농업의 장점을 소개하는 광고문을 만들어 보세요.

221쪽에서 모범 답안을 확인해 보세요.

46 물속에서도 불이 붙을까?

물은 불을 꺼뜨리는 성질이 있어요. 그래서 대부분의 사람들이 물속에서는 불이 안 붙는다고 생각하지요. 하지만 바닷속 깊은 곳에서도 불꽃이 타오를 수 있답니다.

용접은 금속을 붙이는 기술이에요

용접은 두 개의 금속을 아주 뜨거운 열로 녹여서 하나로 붙이는 작업이에요. 뜨거운 열로 녹은 금속이 물렁해지면 필요한 부분에 이어 붙여요. 건물, 자동차, 배, 다리처럼 튼튼한 구조물을 만들 때 자주 쓰이지요. 특히 물속에 있는 구조물이나 배 등을 수리할 때는 특별한 기술을 사용해 열을 꺼뜨리지 않고 용접을 한답니다.

불꽃은 물도 이긴대요

수중 용접은 물속에서 금속을 붙이거나 고치는 기술이에요. 여기엔 비밀이 하나 있는데, 특별한 '용접봉'이 바로 그 주인공이에요. 이 수중 용접봉은 전기와 금속이 만나 작동하는 장치예요. 전기를 흘려보내면 용접봉 끝부분이 타면서 불꽃이 일어나는데, 이 때 엄청난 열과 가스가 만들어져요. 그 가스가 물을 밀어내서 잠깐 동안 빈 공간이 생기지요. 그 안에서 2,000℃ 이상의 고온 불꽃이 타오르고, 공간 덕분에 불꽃이 물에 닿지 않아 바닷속에서도 금속을 녹이는 용접이 가능해진답니다. 짧은 시간이지만 물을 피해 금속을 녹이는 것이지요. 수중 용접은 고장 난 배를 고치거나 해저 구조물을 만들 때 꼭 필요한 과학 기술이랍니다.

O/X 퀴즈

1. 용접은 두 개의 금속을 열로 녹여서 하나로 붙이는 기술이에요. (O/X)
2. 물속에서는 어떤 방법을 써도 불꽃이 절대 생기지 않아요. (O/X)
3. 수중 용접봉은 열과 가스를 만들어 물을 밀어내고 불꽃을 유지해요. (O/X)

정답 O, X, O

과학 상식 더하기

용접은 이제 로봇에게 맡기라고!

자동차 공장에서는 커다란 로봇 팔이 전기나 레이저를 이용해 수천 개의 부품을 빠르고 정확하게 용접해요. 사람이 가기 어려운 해저 파이프라인이나 우주 정거장에서도 특수 로봇이 용접 작업을 안전하게 수행하지요. 로봇은 실수가 적고, 위험한 환경에서도 일할 수 있어서 현대 산업에서 없어서는 안 될 중요한 용접 도우미랍니다.

과학 퀴즈 - 난센스

세상에서 제일 시끄러운 꽃놀이는?

정답 불꽃놀이

47 불꽃놀이, 다양한 색깔의 비밀은 금속에 있다?

밤하늘에 펑! 하고 터지는 불꽃놀이, 정말 아름답지요? 빨간색, 초록색, 파란색 등 형형색색의 불꽃이 밤하늘을 수놓을 때마다 우리는 반짝반짝 빛나는 마법 같은 광경에 빠져들게 돼요. 그런데 이 불꽃에도 과학의 비밀이 숨겨져 있다는 사실, 알고 있나요?

불꽃놀이의 색, 금속 원소가 만들어요

불꽃의 색이 다양한 이유는 '원소'라는 아주 작은 물질 때문이에요. 원소는 모든 물질을 이루는 기본 재료인데, 철과 구리, 금, 소듐과 같은 것들이 모두 원소랍니다. 원소들이 높은 온도에서 탈 때, 저마다 다른 색의 빛을 내요. 예를 들어, 스트론튬은 붉은색, 구리는 초록색, 소듐은 노란색 불꽃을 만들지요. 그래서 어떤 금속을 섞느냐에 따라 밤하늘의 불꽃 색이 달라지는 거예요!

불꽃 색을 보고 원소를 추리해요

우리는 불꽃의 반응을 보고 특정 금속 물질의 정체를 알아낼 수 있어요. 작은 금속 조각을 불에 넣으면 불꽃이 특정한 색으로 변하는데, 그 색이 바로 단서가 되지요. 마치 탐정이 단서를 보고 사건을 추리하듯, 과학자는 불꽃의 색을 보고 어떤 원소가 숨어 있는지 알아내요. 이런 실험을 '불꽃 반응 실험'이라고 해요. 이 실험은 교과서에도 나오는 재미있는 과학 활동이랍니다.

O/X 퀴즈

1. 불꽃의 색깔은 금속 원소가 타면서 내는 빛이에요. (O/X)
2. 스트론튬은 파란색 불꽃을 만들어요. (O/X)
3. 불꽃 색을 보고 어떤 금속 원소가 들어 있는지 알아낼 수 있어요. (O/X)

정답 O, X, O

과학 상식 더하기

불꽃 색으로 범인을 잡을 수 있다고?

불꽃 반응 실험은 실제로 공항 보안 검사나 범죄 수사 현장에서 사용돼요. 공항에서 수상한 가루가 발견되면, 불꽃 반응을 통해 위험한 금속 성분이 들어 있는지 1차로 빠르게 확인할 수 있어요. 또 수사 현장에서 발견된 금속 물질의 정체를 알아볼 때 보조적인 분석 기법으로도 활용되지요.

과학 상식툰

48 성냥은 왜 머리를 긁어야 불이 날까?

요즘에는 생일날 초에 불을 붙일 때가 아니면 성냥을 쓸 일이 잘 없어요. 하지만 얼마 전까지만 해도 성냥은 안전하고 지니고 다니기도 편해, 오랫동안 사람들에게 사랑을 받았어요. 그런데 왜 성냥은 꼭 머리를 긁어야 불이 붙을까요? 그 이유는 성냥 머리에 들어 있는 물질 때문이에요.

건드리지 않으면 안전해요

성냥의 머리 부분에는 '염소산 포타슘', 성냥갑 옆면에는 '붉은인' 같은 화학 물질이 들어 있어요. 이 물질들은 평소엔 가만히 있다가, 일정한 온도 이상이 되면 갑자기 반응하며 불꽃을 만들어요. 이때 불이 붙기 시작하는 온도를 '발화점'이라고 해요. 발화점은 물질에 따라 다른데, 붉은인의 경우 약 260℃에서 스스로 타기 시작하며 나무는 약 400℃ 안팎에서 스스로 타기 시작한답니다.

마찰열이 발화점을 넘겨야 불이 붙어요

성냥갑 옆면을 만져 보면 거칠거칠하다는 걸 알 수 있어요. 일부러 거칠게 만든 거예요. 성냥 머리를 여기에 쓱 하고 문지르면, 마찰이 생기면서 아주 짧은 순간에 열이 발생하지요. 이 '마찰열'이 성냥 머리 속 물질의 발화점을 넘기면 바로 불꽃이 튀고, 연쇄 반응이 일어나 불이 붙는답니다. 발화점에 도달하지 않으면 성냥을 아무리 긁어도 불이 나지 않아요.

O/X 퀴즈

1. 성냥 머리에 들어 있는 화학 물질은 스스로 불이 붙어서 그냥 놔둬도 저절로 타요. (O/X)
2. 발화점은 어떤 물질이 스스로 타기 시작하는 온도를 말해요. (O/X)
3. 성냥을 긁을 때 생기는 마찰열이 발화점을 넘기면 불꽃이 생겨요. (O/X)

정답 X, O, O

과학 상식 더하기

발화점은 왜 중요할까?

어떤 물질이 불에 탈지 아닐지 결정하는 기준을 발화점이라고 해요. 발화점보다 낮은 온도에서는 불이 붙지 않지만, 발화점을 넘기면 갑자기 불이 붙을 수 있어요. 특히 기름이나 휘발유처럼 불이 잘 붙는 물질은, 작은 불꽃에도 순식간에 불이 붙을 수 있어요. 그래서 주유소에서는 휴대폰 사용이나 정전기를 조심하라는 안내가 있답니다.

숨은그림찾기

주유소에 숨은 그림을 모두 찾아보세요!

숨은 그림

- □ 고양이
- □ 빗자루
- □ 책
- □ 아이스크림
- □ 신발

정답

49 세상에서 가장 가벼운 고체는 무엇일까?

세상에서 가장 가벼운 고체는 무엇일까요? 바람에 흩날리는 깃털? 구멍이 뽕뽕 뚫린 스펀지? 아니에요. 돌처럼 단단하지만 공기보다 가벼운 물질, 바로 '에어로젤'이라는 과학 소재예요. 거짓말처럼 가볍고 투명해서 마치 얼어붙은 연기 같다 하여 이런 이름이 붙었답니다.

공기가 99%? 가볍고 단단한 에어로젤

에어로젤은 젤에서 액체를 빼고, 그 자리를 공기로 채워서 만든 고체예요. 전체 부피의 99% 이상이 공기로 되어 있어서, 손에 올려도 무게가 거의 느껴지지 않아요. 그럼에도 무척 단단해서 쉽게 부서지지 않고, 물체를 올려놓아도 버틸 수 있을 만큼 튼튼해요. 가볍지만 강한, 놀라운 성질을 가진 물질이지요.

우주와 불에도 쓰이는 과학 소재예요

에어로젤은 열을 잘 막아 주는 성질도 있어서 실제로 우주선 안의 단열재로 사용돼요. 미국 항공 우주국인 NASA는 화성 탐사선의 전자 장비를 보호하기 위해 에어로젤을 썼어요. 또 소방관의 방화복 안쪽 부분이나 보온병 속의 단열재로도 쓰이지요. 최근에는 고성능 드론과 전기차 배터리의 단열 및 보호 소재로도 연구되고 있어, 활용 범위가 점점 넓어지고 있답니다. 이처럼 에어로젤은 미래 기술에 꼭 필요한 소재예요.

O/X 퀴즈

1. 에어로젤은 전체 부피의 99% 이상이 공기로 이루어진 고체예요. (O/X)
2. 에어로젤은 가볍고 열을 잘 전달하기 때문에 단열재로는 쓰이지 않아요. (O/X)
3. NASA는 우주선 안의 전자 장비를 보호하기 위해 에어로젤을 사용했어요. (O/X)

정답 O, X, O

과학 상식 더하기

우주선 단열재는 왜 꼭 필요할까?

우주선은 지구처럼 공기와 바람이 있는 곳이 아닌, 기온 차가 매우 심한 우주 공간을 날아다녀요. 햇빛을 직접 받는 곳은 100℃ 이상으로 뜨겁고, 반대편은 영하 100℃ 이하로 내려가기도 하지요. 이처럼 엄청난 온도 차로부터 우주인과 장비를 보호하려면 열이 쉽게 드나들지 못하게 막는 단열재가 꼭 필요해요. 에어로젤처럼 가볍고 단단하며, 열을 잘 막아 주는 재료가 적합하지요.

과학 상식툰

50 망치로 내려쳐도 깨지지 않는 액체 괴물이 있다고?

물이나 식용유 같은 액체를 '뉴턴 유체'라고 해요. 뉴턴 유체는 힘을 세게 주든 약하게 주든 항상 끈끈한 정도가 같아요. 이 이름은 과학자 '아이작 뉴턴(Isaac Newton)'의 이름에서 따온 것으로, 뉴턴은 유체의 끈끈한 성질과 흐름에 관한 법칙을 설명했어요. 그런데 또 다른 과학자들이 어떤 액체는 힘을 주는 방법에 따라 끈끈한 정도가 달라진다는 사실을 발견했어요. 이런 액체를 '비뉴턴 유체'라고 불러요.

비뉴턴 유체가 단단해지는 비밀

비뉴턴 유체의 대표적인 예로는, 옥수수 전분과 물을 섞은 혼합물이 있어요. 천천히 만지면 부드럽게 흘러내리지만, 세게 치면 입자들이 순식간에 뭉쳐 단단해져요. 마치 액체가 고체로 변한 것처럼 보이지요. 이 성질은 19세기 중반, 한 과학자가 점성 실험을 하던 중 발견했어요. 이후 연구를 통해 액체 입자들이 특정한 힘에 반응해 배열을 바꾸고 순간적으로 단단해진다는 원리가 밝혀졌답니다.

안전 장비에 쓰면 왜 좋을까요?

비뉴턴 유체는 평소에는 부드럽고 가벼워서 움직이기 편하지만, 강한 충격이 가해지는 순간 단단해져 몸을 보호해요. 그래서 방탄복이나 헬멧에 쓰이면 착용자가 무겁고 딱딱한 장비에 눌릴 일도 없고, 위험에 처했을 때 단단하게 변해 충격을 막을 수도 있지요. 미래에는 '액체 갑옷'이 우리 안전을 책임질지도 몰라요!

O/X 퀴즈

1. 비뉴턴 유체는 힘을 주는 방법에 따라 끈끈한 정도가 달라질 수 있어요. (O/X)
2. 뉴턴 유체는 세게 치면 고체처럼 순간적으로 단단해져요. (O/X)
3. 비뉴턴 유체는 방탄복이나 헬멧 같은 안전 장비에 활용될 수 있어요. (O/X)

정답 O, X, O

과학 상식 더하기

비뉴턴 유체는 어디에 쓰일까?

비뉴턴 유체는 방탄복, 헬멧 등에 쓰여요. 가볍고 유연하면서도 강한 충격을 효과적으로 흡수하기 때문이에요. 산업 현장에서는 손을 보호하는 안전 장갑에 쓰이고, 자전거나 스키, 스케이트보드 같은 스포츠 현장에서는 무릎 보호대나 헬멧에 활용되지요. 또 스마트폰 케이스처럼 충격 흡수가 필요한 곳에도 쓰이고 있어요.

선으로 이어요

보기의 예시와 어울리는 단어를 선으로 연결해 보세요.

① 물, 식용유	㉠ 뉴턴 유체
② 옥수수 전분+물 혼합물	㉡ 비뉴턴 유체
③ 방탄복에 쓰이는 유체	

정답 ①-㉠, ②-㉡, ③-㉡

51 스스로 상처를 치료하는 플라스틱이 있다?

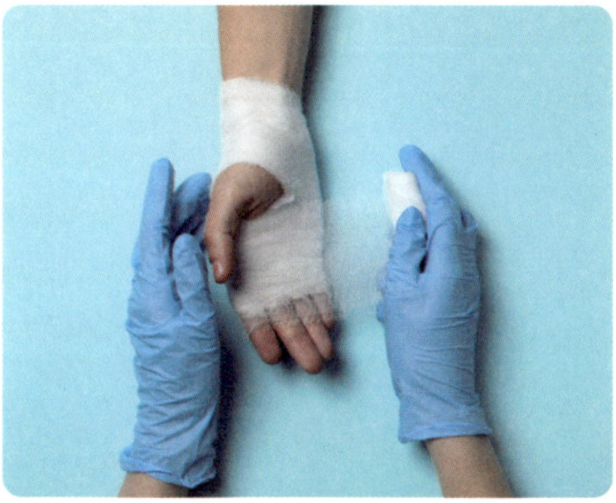

플라스틱은 한번 긁히거나 깨지면 고치기 어려워요. 하지만 과학자들이 만든 '자가 치유 플라스틱'은 다르답니다. 자가 치유 소재란 손상된 부분을 사람의 도움 없이 스스로 복원하는 똑똑한 물질을 말해요. 상처가 나도 스스로 고쳐서 처음처럼 돌아올 수 있다는 이야기예요. 이 기술은 미국 일리노이 대학교 연구팀이 "플라스틱이 스스로 상처를 치료할 수 있다면 얼마나 편리할까?"라는 생각을 한 데에서 출발했어요. 자동차나 전자 기기의 수명을 늘리고, 버려지는 플라스틱을 줄여 환경을 지켜야 한다는 생각도 중요한 계기가 되었지요.

상처를 메우는 작은 캡슐의 비밀

자가 치유 플라스틱에는 눈에 보이지 않는 아주 작은 캡슐이 들어 있어요. 플라스틱이 긁히거나 갈라질 때 캡슐이 터지면서 안에 있던 액체가 상처 틈으로 흘러 들어가 굳어 버리지요. 예를 들어, 자동차 범퍼나 전자 기기 표면에 이 캡슐이 활용된다면, 작은 긁힘이나 금이 생겨도 몇 시간 안에 스스로 다시 매끈하게 고칠 수 있어요.

미래의 물건은 더 오래, 더 안전하게!

이 기술은 이미 일부 스마트폰의 보호 필름, 고급 자동차 도장, 심지어 우주선 부품에 실험적으로 쓰이고 있어요. 작은 흠집이나 균열이 생겨도 스스로 고치기 때문에 오래 쓸 수 있고, 갑작스러운 고장을 줄여 안전성도 높일 수 있지요. 언젠가는 우리 주변의 물건이 모두 '스스로 치료하는' 똑똑한 물질로 만들어질지도 몰라요.

O/X 퀴즈

1. 자가 치유 소재는 손상된 부분을 사람의 도움 없이 스스로 복원할 수 있어요. (O/X)
2. 자가 치유 플라스틱 안에는 상처를 메우는 미세한 캡슐이 들어 있어요. (O/X)
3. 자가 치유 플라스틱은 금이 생기면 몇 초 안에 다시 매끈하게 만들 수 있어요. (O/X)

정답 O, O, X

과학 상식 더하기

생명체도 자가 치유할 수 있을까?

인간을 비롯한 많은 생명체는 스스로 상처를 치유하는 능력을 가지고 있어요. 사람의 피부는 시간이 지나면 새살이 돋고, 도마뱀은 잘린 꼬리를 다시 자라게 하며, 불가사리와 일부 해파리는 신체 일부를 재생할 수 있지요. 모두 세포가 새로 만들어지거나 손상 부위를 복구하는 과정이 있기 때문이에요. 과학자들은 이런 원리를 연구해 인공 자가 치유 소재 개발에 활용하고 있답니다.

과학 상식툰

52 모양을 기억하는 금속이 있다고?

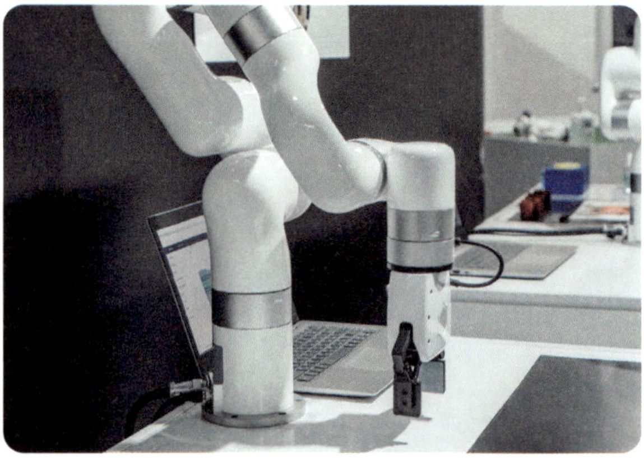

금속은 일단 한번 구부러지면 다시 펴기 어려워요. 하지만 구부러진 뒤에도 원래의 모양으로 다시 변하는 금속이 있어요. 바로 '형상 기억 합금'이지요. 이 금속은 구부러져도 특정 온도에 도달하면 기억을 되찾는 것처럼 원래의 모양으로 돌아온답니다.

온도가 바뀌면 다시 돌아와요

형상 기억 합금은 니켈과 티타늄을 섞어 만든 특별한 금속이에요. 금속 속에는 원자들이 줄지어 규칙적으로 배열되어 있는데, 차가울 때와 따뜻할 때 이 배열이 달라져요. 차가울 때는 배열이 쉽게 변해 구부러진 모양을 유지해요. 하지만 온도가 약 40~70℃ 정도로 따뜻해지면 배열이 다시 단단하고 규칙적인 상태로 바뀌면서 원래의 모양을 되찾게 돼요. 마치 금속이 "나는 원래 이렇게 생겼었지!" 하고 기억을 떠올리는 것처럼 말이지요.

일상생활에서 우주까지

형상 기억 합금은 쉽게 부러지지 않고 원래 모양으로 돌아가는 성질 때문에 안경테, 치과 교정용 와이어, 로봇 관절, 위성 안테나, 온도에 따라 열리고 닫히는 환기창 등 다양한 곳에 쓰이고 있어요. 심지어 우주선 부품에도 사용되는데, 태양빛을 받아 온도가 올라가면 스스로 펴지고, 열기가 사라지면 다시 접히는 장치로 쓰인답니다. 이처럼 형상 기억 합금은 이제 없어서는 안 될 중요한 재료가 되었어요.

O/X 퀴즈

1. 형상 기억 합금은 안경테나 의료 기기에는 사용할 수 없어요. (O/X)
2. 형상 기억 합금의 원자 배열은 온도에 따라 달라져요. (O/X)
3. 형상 기억 합금은 특정 온도가 되면 원래 모양으로 돌아갈 수 있어요. (O/X)

정답 X, O, O

과학 상식 더하기

형상 기억 합금은 우주에서 어떻게 쓰일까?

우주에서는 장비를 직접 조작하기 어려워서 스스로 움직이는 부품이 큰 도움이 돼요. 형상 기억 합금으로 만든 인공위성의 안테나는 발사될 때는 접혀 있다가, 태양 빛을 받아 금속의 온도가 오르면 스스로 펴져요. 또 우주선의 태양 전지판, 탐사 로봇의 집게, 환기 장치에도 형상 기억 합금이 쓰여요. 장비가 가벼워지고 고장이 적으니, 우주 탐사를 더 안전하고 효율적으로 할 수 있지요.

과학 퀴즈

특정 온도가 되면 원래 모양으로 돌아가는 금속을 무엇이라고 할까요?

정답 형상 기억 합금

53 절대 젖지 않는 옷이 있을까?

비 오는 날에도 옷이 젖지 않는다면 얼마나 편리할까요? 과학자들은 자연에서 이런 능력을 가진 식물을 발견했어요. 그리고 그 비밀을 옷과 여러 제품에 적용했어요.

연잎 표면의 비밀 구조

'소수성'이란 물을 싫어해 표면에 물방울이 달라붙지 못하게 하는 성질이에요. 연잎은 소수성이 매우 강한 '초소수성' 식물이에요. 표면을 확대해 보면, 눈에 보이지 않을 만큼 작은 돌기와 왁스층이 있어요. 그래서 연잎 위 물방울이 퍼지지 않고 둥근 모양 그대로 굴러가는 거예요. 덕분에 연잎은 비에 젖지 않지요. 이런 소수성을 가진 또 다른 생물로는 물방개와 물거미 등이 있답니다.

비에 젖지 않고 더 깨끗하게

과학자들은 연잎 표면 구조를 모방해, 초소수성 소재를 만들었어요. 이 기술은 비옷, 등산복, 운동화 같은 의류뿐 아니라 건물 외벽, 자동차 유리, 스마트폰 화면 보호 필름에도 쓰여요. 물방울이 표면을 굴러가며 먼지를 씻어 내기 때문에 오랫동안 깨끗함을 유지할 수 있지요.

O/X 퀴즈

1. 소수성이란 물을 싫어해 표면에 물방울이 달라붙지 못하게 하는 성질이에요. (O/X)
2. 소수성은 연잎만 가지고 있는 특별한 성질이에요. (O/X)
3. 초소수성 소재는 비옷이나 등산복뿐만 아니라 건물 외벽에도 쓰여요. (O/X)

정답 O, X, O

과학 상식 더하기

물방개와 물거미의 소수성

물방개의 날개 표면은 아주 미세한 털과 돌기로 덮여 있어요. 그래서 물속에 들어가도 물이 스며들지 않고 공기층이 유지돼요. 덕분에 날개가 젖지 않아 빠르게 수영할 수 있지요. 물거미는 물속에 공기 방울을 모아 '공기집'을 만드는데, 몸 표면의 소수성 털이 이 공기를 오래 붙잡아 숨을 쉴 수 있게 해 줘요. 그래서 물속에서도 생활할 수 있답니다.

숨은그림찾기

연못에 숨은 그림을 모두 찾아보세요!

숨은 그림

- ☐ 새
- ☐ 우산
- ☐ 나비
- ☐ 양말
- ☐ 칫솔

정답

54 사과를 깎아 두면 왜 갈색으로 변할까?

사과를 먹기 좋게 잘라 두면 처음엔 속살이 하얗지만, 조금 지나면 갈색으로 변해요. 이것은 '산화'라는 화학 반응 때문이에요. 산화란 어떤 물질이 산소와 결합해 성질이 변하는 현상을 말해요. 사과에서 왜 산화가 일어나는지 알아볼까요?

사과 속 성분과 산소의 만남

사과에는 '폴리페놀'이라는 성분이 들어 있어요. 폴리페놀은 식물에 풍부하게 들어 있는 항산화 물질로, 사과의 맛과 색, 향을 유지하는 데 중요한 역할을 해요. 사과를 자르면 속살이 공기와 닿으면서 산소가 들어오고, 사과 세포 속의 '산화 효소'가 폴리페놀을 갈색 물질로 바꾸는 반응이 일어나요. 이것을 '갈변 현상'이라고 해요. 마치 사과가 상처 난 부분을 스스로 막으려는 것처럼 보이기도 하지요.

갈변을 막는 방법과 특별한 사과

갈변이 진행된 사과는 신선도가 떨어지고 식감이 물러 맛이 없어요. 그렇다면 사과의 갈변을 막을 수 있는 방법은 없을까요? 완전히 막지는 못해도 속도를 늦출 수는 있어요. 레몬즙처럼 산성인 액체를 사과에 바르거나, 설탕물이나 소금물에 잠시 담가 두면 돼요. 이렇게 하면 산화 효소의 활동이 느려져 변색 속도가 줄어든답니다. 최근에는 사과 유전자 중 갈변을 유도하는 효소의 활성을 낮춰, 갈변 반응이 거의 일어나지 않도록 한 품종도 개발되었어요. 이 품종은 갈변을 억제하는 유전자 기술 덕분에 신선도를 오래 유지하며, 샐러드나 간편 과일 세트에 많이 활용된답니다.

O/X 퀴즈

1. 산화란 어떤 물질이 산소와 결합해 성질이 변하는 현상을 말해요. (O/X)
2. 사과의 갈변 현상은 폴리페놀과 산소, 그리고 산화 효소가 만나서 일어나요. (O/X)
3. 갈변 억제 사과는 자르자마자 바로 갈색으로 변하는 사과를 말해요. (O/X)

정답 O, O, X

과학 상식 더하기

사과 말고도 갈변이 일어나는 과일과 채소가 있다고?

바나나, 감자, 고구마는 껍질이나 표면에 갈변이 쉽게 일어나요. 하지만 최근에는 이런 변화를 줄인 새로운 품종이 개발되고 있어요. 예를 들어, '갈변 억제 감자'는 산화 효소가 적게 생성되도록 만들어져, 껍질을 깎아도 색이 천천히 변해요. 또 '골드키위'는 일반 키위와 달리 칼로 잘라도 밝은색을 오래 유지해요.

과학 상식툰

55 비누는 어떻게 세균을 물리칠까?

외출 후 집으로 돌아와서 가장 먼저 해야 할 일은 바로 비누로 깨끗하게 손을 씻는 거예요. 비누는 고대 바빌로니아에서부터 사용한, 세균을 무찌르기에 아주 효과적인 도구거든요. 초기 비누는 동물의 기름과 재를 섞어 만들었는데, 주로 옷이나 도구를 씻는 데 쓰였어요. 이후 위생과 질병 예방이 중요해지면서 손을 씻는 데도 널리 쓰이게 되었지요.

비누 분자의 머리와 꼬리의 비밀

비누 분자는 한쪽 끝엔 물과 잘 섞이는 '친수성' 머리를, 다른 쪽 끝엔 기름과 잘 섞이는 '소수성' 꼬리를 가지고 있어요. 세균의 겉은 '지방질 막(세포막)'으로 둘러싸여 있는데, 이 막은 기름 성분이라 물에 잘 녹지 않아요. 하지만 비누 분자의 꼬리는 기름을 좋아해서, 세균의 지방질 막에 달라붙어 마치 자석처럼 끌려가지요. 이때 세균의 막이 약해지고 틈이 생기게 되는데요. 막이 무너진 세균은 그대로 죽거나, 비누 분자의 머리 부분이 물과 연결되어 세균 조각을 감싸요. 이렇게 둘러 쌓인 세균 찌꺼기는 물줄기에 실려 손에서 떨어져 나간답니다.

물과 함께 세균을 씻어 내요

비누로 손을 씻는 올바른 방법은 무엇일까요? 바로 거품을 충분히 내어 30초 이상 손을 씻는 거예요. 손바닥뿐만 아니라 손등과 손가락 사이, 손톱 밑까지 꼼꼼히 씻어야 해요. 그러면 세균을 훨씬 효과적으로 없앨 수 있답니다. 특히 코로나19 팬데믹 이후, 손 씻기의 중요성이 더욱 강조되고 있어요.

O/X 퀴즈

1. 비누는 세균을 감싸지 않고 그냥 밀어내기만 해서 제거해요. (O/X)
2. 세균의 겉은 지방질 막으로 덮여 있어서 비누의 꼬리가 잘 달라붙어요. (O/X)
3. 비누 분자의 머리 부분은 물과 잘 섞이는 친수성이에요. (O/X)

정답 X, O, O

과학 상식 더하기

손을 씻으면 세균이 얼마나 없어질까?

눈으로 봤을 때 깨끗해 보이는 손에도 알고 보면 수십만 마리의 세균이 살고 있어요. 하지만 비누로 30초 이상 꼼꼼히 손을 씻으면 세균의 90% 이상을 없앨 수 있답니다. 물만 쓸 때보다 비누를 같이 사용할 때 세균 막이 더 잘 무너져 감기나 장염, 식중독 같은 질병을 예방하는 데 큰 도움이 된답니다.

선으로 이어요

보기의 설명과 어울리는 단어를 선으로 연결해 보세요.

① 물과 잘 섞이는 비누 분자의 머리

② 세균의 지방질 막에 달라붙는 비누 분자의 꼬리

③ 손바닥, 손등, 손가락 사이에 남아 있는 세균의 지방질 막

㉠ 소수성

㉡ 친수성

정답 ①-㉡, ②-㉠, ③-㉠

56 보온병은 어떻게 하루 종일 따뜻함을 지킬까?

겨울날, 아침에 가져온 따뜻한 코코아가 점심까지 김이 모락모락 난다면 참 좋겠죠? 그런데 똑같은 코코아라도 어디에 담아 두는지에 따라 온도가 완전히 달라져요. 일반 유리컵이나 종이컵에 넣어 두면 금방 식어서 차가워지지만 보온병에 담아 두면 오랫동안 따뜻하지요.

진공이 전도와 대류를 막아요

'전도'는 뜨거운 것이 닿아 있을 때, 열이 직접 전달되는 현상을 말해요. 예를 들어, 금속 숟가락을 뜨거운 국에 넣으면 금세 숟가락 끝까지 뜨거워지는 게 전도예요. '대류'는 공기나 물 같은 액체가 움직이며 열을 옮기는 현상을 말해요. 보온병은 안쪽과 바깥쪽에 두 겹의 벽이 있는데, 그 사이에 있는 공기를 거의 없애 '진공' 상태로 만들어 버렸어요. 이렇게 하면 전도와 대류가 일어나지 않아, 열이 밖으로 빠져나가기 어려워져요. 그래서 보온병 안에 있는 음료의 온도가 오래 유지되지요.

은 도금이 복사를 막아요

'복사'는 뜨거운 물체가 눈에 보이지 않는 열에너지를 빛처럼 주위로 내보내는 현상을 말해요. 모닥불 근처에 있으면 직접 닿지 않아도 따뜻해지는 게 바로 복사 때문이에요. 보온병 안쪽 표면에는 반짝이는 은으로 도금이 되어 있어요. 은은 열에너지를 반사시켜, 열이 빠져나가는 것을 막고 내부 온도를 오래 유지해 줘요. 그래서 보온병을 활용하면 차가운 음료는 더 오래 시원하게, 뜨거운 음료는 더 오래 따뜻하게 즐길 수 있답니다.

O/X 퀴즈

1. 보온병은 벽 사이를 진공으로 만들어 전도와 대류를 막아요. (O/X)
2. 복사는 열이 액체나 기체의 움직임으로 전달되는 현상을 말해요. (O/X)
3. 보온병 안쪽의 은 도금은 열이 빠져나가는 것을 막아요. (O/X)

정답 O, X, O

과학 상식 더하기

보온병은 누가 처음 만들었을까?

보온병의 원리는 1892년, 스코틀랜드의 과학자 제임스 듀어(James Dewar)가 처음 발견했어요. 그는 액체 산소나 액체 수소처럼 아주 차갑거나 뜨거운 물질을 오래 보관하기 위해 진공 단열병을 만들었어요. 처음에는 과학 실험용이었지만, 1904년에 독일의 한 회사가 가정용으로 개량해 'Thermos'라는 이름의 보온병을 팔기 시작했어요.

숨은그림찾기

캠핑장에 숨은 그림을 모두 찾아보세요!

숨은 그림

- ☐ 새
- ☐ 대파
- ☐ 돛단배
- ☐ 조개
- ☐ 립스틱

정답

57 뽁뽁이는 어떻게 집을 따뜻하게 해 줄까?

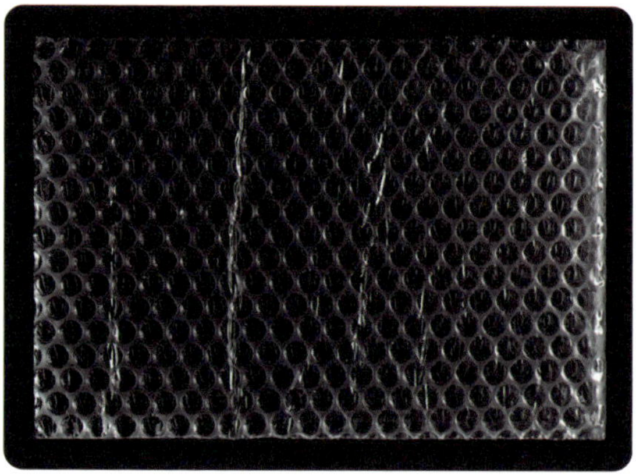

택배 박스에서 깨지기 쉬운 상품을 감싸고 있는 '뽁뽁이'를 본 적 있나요? 뽁뽁이는 상품을 안전하게 보호하는 역할을 해요. 그런데 한겨울이면 집집마다 뽁뽁이를 창문에 붙이는 모습을 볼 수 있어요. 왜 겨울에 뽁뽁이를 창문에 붙이는지, 그 이유를 알아볼까요?

뽁뽁이 속 공기가 만드는 단열

뽁뽁이의 작은 공기 주머니는 단열의 고수예요. 단열이란 열이 한쪽에서 다른 쪽으로 쉽게 전달되지 않도록 막는 것을 말해요. 실제로 실험해 본 결과, 뽁뽁이를 창문에 붙이면 붙이지 않았을 때보다 실내 온도가 2~3℃ 더 높게 유지되고, 두 겹으로 붙이면 효과가 더 커진다는 사실을 알 수 있었어요. 패딩이나 털옷 속 공기층이 몸의 열을 지키는 원리도 같아요. 특히 올록볼록한 면을 유리 쪽에 붙이면 공기층이 더 잘 만들어져, 단열 효과가 높아진답니다.

뽁뽁이를 더 효율적으로 쓰는 방법

뽁뽁이를 붙이기 전, 창문에 물을 살짝 뿌리면 접착력이 좋아져 오래 사용할 수 있어요. 이렇게 하면 난방비를 최대 20% 정도 절약할 수 있고, 여름에도 뜨거운 햇빛을 막아 냉방비 절약에 도움이 된답니다. 뽁뽁이는 폴리에틸렌 소재로, 재활용이 가능하며 일부 지역에서는 재활용 비율이 50%를 넘기도 해요. 이처럼 사용이 끝난 뒤 깨끗이 분리배출하면 환경까지 지킬 수 있답니다.

O/X 퀴즈

1. 뽁뽁이의 작은 공기 주머니는 단열 효과를 높여 줘요. (O/X)
2. 뽁뽁이의 올록볼록한 면을 유리 쪽에 붙이면 단열 효과가 더 낮아져요. (O/X)
3. 뽁뽁이는 폴리에틸렌 소재로 만들어져 재활용이 가능해요. (O/X)

정답 O, X, O

과학 상식 더하기

뽁뽁이, 처음엔 벽지였다고?

뽁뽁이는 1959년에 미국의 엔지니어 알프레드 필딩(Alfred W. Fielding)과 마크 샤반(Marc Chavannes)이라는 스위스 발명가가 만들었어요. 원래 공기 주머니가 있는 '입체 벽지'를 만들려고 했지만, 시장에서 인기가 없었지요. 그러다 제품을 보호하는 완충재로 쓰면 좋겠다는 아이디어가 나왔고, 택배 포장재로 전 세계에 퍼지게 되었답니다.

과학 상식툰

58 우주선이 대기권을 뚫고 들어올 때 타지 않는 이유

우주선이 지구로 돌아올 때 공기와 엄청나게 빠른 속도로 부딪히게 돼요. 이때 표면 온도가 3,000℃ 가까이 올라가지요. 그런데도 우주선이 불타지 않는 건 우주선의 표면을 덮고 있는 특수 단열 타일 때문이에요. 이 타일은 세라믹(도자기) 재료로 만들어져서, 뜨거운 열이 안쪽으로 잘 전달되지 않아요.

열이 안으로 못 들어오게 막아요

단열 타일 속에는 '알루미나'와 '실리카'라는 재료로 만든 아주 가느다란 섬유가 솜처럼 얽혀 있어요. 그 사이에는 공기가 가득 차 있어서, 열이 물체를 타고 이동하거나 공기 또는 액체가 움직이며 열이 전달되는 걸 막아요. 공기는 열을 잘 옮기지 못하기 때문에 타일 바깥은 매우 뜨거워도 안쪽은 비교적 시원하게 유지되지요.

열을 밖으로 튕겨 내기도 해요

타일 표면은 열이 빛처럼 퍼져 나가는 '복사'를 차단하거나, 필요할 때는 빠르게 열을 방출하도록 정교하게 설계되어 있어요. 마치 소방관이 입는 방열복이 불길 속에서 몸을 지켜 주는 것과 비슷하지요. 우주선이 대기권에 다시 들어올 때는 타일 표면이 강한 열을 바깥으로 빠르게 방출해 내부로 열이 전달되지 않게 해요. 또 우주 공간에서는 외부의 열을 차단해 안정적인 온도를 유지하도록 돕는답니다.

O/X 퀴즈

1. 단열 타일은 일반 타일과 동일한 재료로 만들어졌어요. (O/X)
2. 우주선 표면의 단열 타일은 구리, 철과 같은 금속으로 만들어졌어요. (O/X)
3. 단열 타일은 열 복사를 막거나 열을 밖으로 내보내는 역할을 해요. (O/X)

정답 X, X, O

과학 상식 더하기

우주선에 쓰이는 '어블레이션 소재'

어블레이션 소재는 뜨거운 열에 일부러 표면을 조금씩 깎으며 열을 없애는 특별한 재료예요. 마치 얼음이 녹으면서 주위의 열을 흡수하는 것처럼, 고온에 닿으면 표면이 서서히 벗겨져 내부를 보호해요. 특히 소형 탐사선이나 대기권에 들어가는 캡슐의 앞부분에 많이 쓰여요. 이 소재를 활용하면 3,000℃ 이상의 열도 견딜 수 있어요. 덕분에 우주인과 장비가 안전하게 착륙할 수 있지요.

과학 상식툰

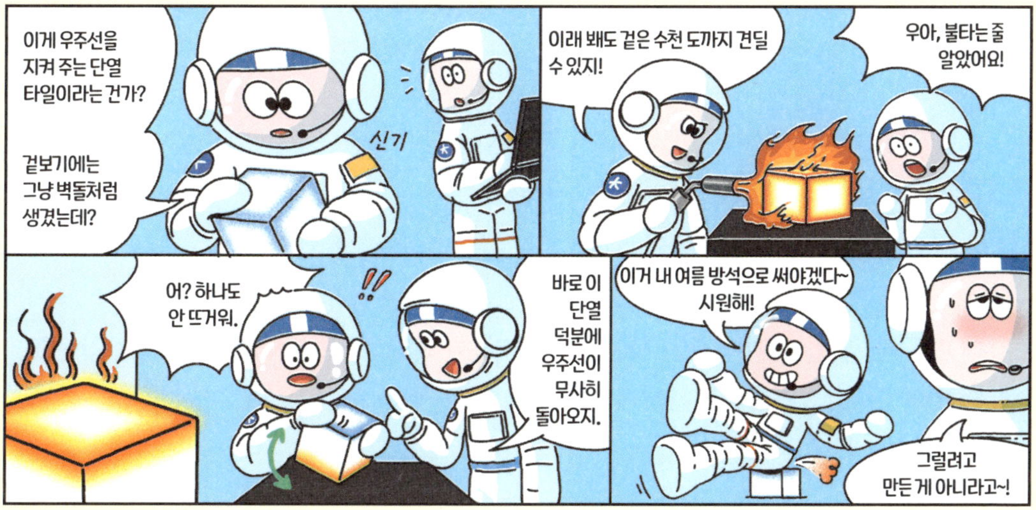

59 온도 조절이 가능한 창문이 있다고?

겨울에는 따뜻하게, 여름에는 시원하게 만들어 주는 창문이 있다면 어떨까요? 겉보기엔 평범한 유리창처럼 보이지만, 리모컨으로 전기를 켜고 끄는 것만으로 온도 조절이 가능한 '스마트 윈도우'가 바로 그런 창문이에요. 과연 그 원리는 무엇일까요?

전기로 햇빛을 차단하는 창문

스마트 윈도우는 전기를 흘려 주면 투명해지고, 전기를 끊으면 불투명해지는 특수한 유리를 사용한 창문이에요. 투명해진 상태에서는 빛을 잘 통과시키고, 불투명해진 상태에서는 햇빛을 차단하지요. 이렇게 전기를 이용해 창문의 상태를 바꾸면, 계절이나 날씨에 맞춰 실내로 들어오는 빛과 열을 쉽게 조절할 수 있답니다. 스마트 윈도우로 한여름에는 시원하게, 한겨울에는 따뜻하게 실내 환경을 유지할 수 있다면 정말 편할 거예요.

스마트 윈도우의 활용

스마트 윈도우는 이미 최신 빌딩, 호텔, 자동차, 스마트 홈 등에 적용되고 있어요. 센서로 햇빛과 온도를 감지해 자동으로 조절하게 하거나, 음성 명령과 IoT(사물 인터넷) 기기와 연동해 집 안 어디에서든 창문을 움직일 수 있지요. 또 완전히 자동화된 창문도 활발히 연구하고 있답니다. 미래에는 더 다양한 건물과 공간에서 스마트 윈도우를 만나게 될 거예요.

O/X 퀴즈

1. 스마트 윈도우는 전기를 흘리면 투명해지고, 전기를 끊으면 불투명해져요. (O/X)
2. 센서와 IoT를 이용해 날씨나 계절에 맞춰 자동으로 상태를 바꿀 수 있어요. (O/X)
3. 불투명 모드일수록 햇빛을 더 많이 통과시켜 실내가 밝아져요. (O/X)

정답 O, O, X

과학 상식 더하기

IoT, 사물들이 서로 이야기한다고?

IoT(사물 인터넷)는 집 안의 가전제품, 자동차, 거리의 신호등 같은 사물들이 인터넷으로 연결되어 서로 정보를 주고받는 기술이에요. 예를 들어, 스마트 냉장고가 필요한 식재료를 알려 주게 하거나, 출근 시간에 맞춰 자동차 시동을 미리 걸어 놓을 수 있지요. 이렇게 IoT는 일상생활을 더 편리하게 해 준답니다.

숨은그림찾기

스마트 홈에 숨은 그림을 모두 찾아보세요!

숨은 그림

- ☐ 테니스공
- ☐ 애벌레
- ☐ 고양이
- ☐ 상어
- ☐ 네잎 클로버

정답

60 여름에 검은 티셔츠를 입으면 왜 더 후끈후끈할까?

한여름 햇볕 아래에서 검은색 옷을 입으면 금세 땀이 줄줄 나는 경험을 해 봤을 거예요. 반대로 흰색 옷을 입으면 비교적 시원하게 느껴지지요. 정말 티셔츠 색에 따라 우리가 느끼는 온도가 달라지는 걸까요? 그렇다면 그 이유는 무엇일까요?

검은색은 빛을 모두 잡아먹어요

햇빛은 사실 무지개처럼 빨강, 주황, 노랑, 초록, 파랑, 남색, 보라 등 여러 색이 섞여 있어요. 이 빛이 물체에 닿으면 일부는 흡수되고, 일부는 반사돼요. 검은색은 모든 색의 빛을 거의 다 흡수해 버려요. 그렇게 흡수된 빛은 열에너지로 변해 옷과 몸을 데우지요. 한 실험에 따르면, 같은 조건에서 검은 티셔츠 표면의 온도가 흰 티셔츠보다 5~10℃가량 더 높게 올라갔다고 해요. 햇볕 아래 검은 티셔츠는 마치 햇빛을 모으는 '열 모으개'처럼 빨리 뜨거워진답니다.

흰색은 빛을 되돌려 보내요

반대로 흰색은 빛을 거의 다 반사해요. 빛이 옷 속으로 들어오지 않고 다시 밖으로 튕겨 나가기 때문에 열로 변하는 양이 적지요. 그래서 흰색 옷은 뜨거워지기까지 시간이 오래 걸리고, 흰색 옷을 입은 사람도 스스로 덜 덥다고 느끼게 돼요. 햇빛을 생각하면 여름에는 흰색이나 밝은색 옷을 많이 입고, 겨울에는 검은색이나 진한 색 옷을 많이 입는 게 좋겠죠?

O/X 퀴즈

1. 햇빛은 여러 색이 섞여 있어요. (O/X)
2. 검은색 옷은 빛을 대부분 반사해서 시원해져요. (O/X)
3. 같은 조건에서 검은 티셔츠 표면 온도가 흰 티셔츠보다 5~10℃가량 더 높아요. (O/X)

정답 O, X, O

과학 상식 더하기

반사 테이프와 스프레이로 밤길도 안전하게!

반사 테이프는 빛이 닿으면 그 빛을 강하게 되돌려 보내서 멀리서도 잘 보이게 해 줘요. 그래서 자전거, 옷, 가방, 교통 표지판, 작업복 등에 널리 사용되지요. 스프레이 형태의 반사 제품도 있는데, 이것을 옷이나 가방, 차량 표면에 뿌리면 빛을 반사해서 밤에도 눈에 잘 띄어요. 덕분에 어두운 밤길에 사고 위험을 크게 줄일 수 있답니다.

선으로 이어요

보기의 설명과 어울리는 단어를 선으로 연결해 보세요.

① 빛을 거의 다 반사한다

② 빛을 거의 다 흡수한다

③ 표면 온도가 5~10℃ 가량 더 높다

검은색 옷

흰색 옷

정답 ①-흰색 옷, ②-검은색 옷, ③-검은색 옷

시미쌤과 함께하는 과학 글쓰기 ④

플라스틱을 먹는 효소? 바다를 지키는 화학 마법!

구영: 플라스틱 쓰레기가 바다에 둥둥 떠다니는 거 봤어?

그리: 응, 물고기들이 먹으면 위험할 거야.

구영: 그런데 과학자들이 그걸 분해하는 특별한 화학 물질을 만들고 있대!

그리: 오~ 그럼 바다를 깨끗하게 할 수 있겠네!

구영: 우리도 이 기술을 홍보해 볼까?

글쓰기 단서를 참고해서 글을 써 볼까요?

■ 단서 ① 플라스틱을 자르는 '분해 효소'

2016년에 발견된 한 박테리아는 PET 플라스틱을 자르는 효소(PETase)를 만들어요. 이 효소는 플라스틱의 연결 고리를 끊어 더 작은 조각으로 바꿔요. 이렇게 잘게 쪼개진 조각은 미생물이 먹기 더 쉽고, 새 플라스틱의 원료로 쓰일 수 있어요. 따뜻한 온도(약 30~40℃), 산소, 충분한 미생물이 갖춰진 곳에서는 분해가 더 빠르지요. 이렇게 플라스틱을 계속 분해할 수 있는 이유는 효소가 스스로 변하지 않고 같은 일을 반복하는 '촉매' 역할을 하기 때문이에요.

■ 단서 ② 생분해성·바이오 기반 플라스틱

PLA(옥수수·사탕수수에서 얻은 젖산으로 만든 플라스틱)와 PHA(미생물이 만드는 플라스틱) 같은 소재는 자연에서 다시 분해될 수 있는 플라스틱이에요. 하지만 아무 곳에서나 분해가 잘되는 건 아니에요. '산업용 퇴비화 시설'의 고온(50~60℃), 습도, 미생물이 갖춰진 곳에서 빠르게 분해돼요. 바다나 길거리처럼 조건이 부족한 곳에서는 분해가 매우 느릴 수 있어요. 그래서 제품의 '산업용 퇴비화' 마크를 확인하고, 올바르게 분리배출하는 것이 중요해요.

여러분, 바닷가에 놀러갔는데 파도에 플라스틱 쓰레기가 둥둥 떠다니는 모습을 본 적 있나요? 병뚜껑, 빨대, 비닐봉지 같은 쓰레기가 거북이 코에 끼거나, 물고기 뱃속에서 발견되기도 해요. 바닷속에서는 이런 플라스틱이 수십 년, 길게는 수백 년 동안 썩지 않고 남아, 바다 생물과 환경 모두를 해치고 있어요.

1 환경 오염으로 지금 바다 생물들이 어떤 문제를 겪고 있나요?

2 해결 방법을 생각해 보아요.

222쪽에서 모범 답안을 확인해 보세요.

61 하늘을 나는 자동차가 있다고?

도심의 심한 교통 체증과 사고로 인한 도로 정체, 장거리 이동의 불편함 등은 도시 사람들이 공통적으로 겪고 있는 고민이에요. 도로 대신 하늘을 달릴 수 있다면, 출퇴근 시간과 장거리 이동에 대한 스트레스가 크게 줄어들지 않을까요?

드론처럼 나는 자동차가 나타났어요

2016년, 공상 과학 영화에서나 볼 수 있었던 드론 택시가 처음 등장했어요. 드론 택시는 여러 개의 프로펠러를 이용해 수직으로 뜨고 내릴 수 있지요. 2025년에는 중국에서 세계 최초로 드론 택시의 상업적인 운항을 허가받기도 했답니다. 이외에도 한 미국 기업에서 개발한 '모델 A' 등 여러 드론 택시가 상용화를 준비하고 있어요.

한국에도 하늘길이 열릴까요?

한국 국토교통부는 2035년까지 서울 등 대도시에 비행 인프라를 구축할 계획이에요. 아직은 배터리 성능 향상, AI 기반 자율 비행과 충돌 방지 기술, 안전 규정 마련, 이착륙장 같은 도시 내 인프라 구축이 필요해요. 하늘길이 열리면 출퇴근 시간이 줄어들고, 도로가 덜 복잡해질 거예요. 또 응급 드론, 하늘 배달차, 하늘 버스 등 다양한 교통수단이 등장해 사람들의 이동 방식을 완전히 바꿔 놓을 것으로 예상돼요.

O/X 퀴즈

1. 드론 택시는 여러 개의 프로펠러를 이용해 수직으로 뜨고 내릴 수 있어요. (O/X)
2. 한국은 국내 드론 택시 도입에 전혀 관심이 없어요. (O/X)
3. 드론 택시 상용화를 위해서는 아직 안전 규정 마련 등 여러 문제의 해결이 필요해요. (O/X)

정답 O, X, O

과학 상식 더하기

드론 택시는 어떻게 하늘을 달릴 수 있을까?

드론 택시는 'eVTOL(전기 수직 이착륙)' 방식을 사용해요. 이 기술은 여러 개의 프로펠러가 동시에 회전해 택시를 공중에 띄우며, 활주로가 필요 없어서 좁은 공간에서 수직으로 뜨고 내릴 수 있어요. 또 전기 배터리를 사용하기 때문에 비행 중 소음이 적고, 배기가스를 거의 배출하지 않아 친환경적이지요. 그래서 도심 한가운데에서도 안전하고 조용하게 하늘길을 다닐 수 있어요.

과학 퀴즈

도로 대신 하늘길을 달리는 미래형 교통수단은 무엇일까요?

정답 드론 택시

62 공을 똑바로 찼는데, 왜 엉뚱한 곳으로 갈까?

축구를 하다 보면, 똑바로 찬 공이 옆으로 휘어져 골대 안으로 들어가는 경우를 볼 수 있어요. 이를 '바나나킥'이라고 해요. 그런데 이게 과연 우연일까요? 사실 바나나킥 속에도 과학 원리가 숨어 있어요. 비밀은 바로 압력에 있답니다.

회전이 만드는 공기 압력의 차이

공을 발로 찰 때 한쪽 면을 세게 차면 공이 회전하며 날아가요. 이때 공 주위의 공기 흐름이 달라지는데, 한쪽은 공기가 빠르게, 다른 쪽은 느리게 흐르지요. 빠르게 흐르는 쪽은 압력이 낮아지고, 느리게 흐르는 쪽은 압력이 높아져서 공이 압력이 낮은 쪽으로 휘어지게 돼요. 멀리서 보면 공이 마치 바나나처럼 부드럽게 곡선을 그리며 날아가지요. 이 현상을 '마그누스 효과'라고 해요. 19세기 독일의 물리학자 마그누스(Magnus)가 실험을 통해 처음으로 이 현상을 밝혀내어 이런 이름이 붙었답니다.

바나나킥 속의 과학과 전술

손흥민이나 리오넬 메시처럼 유명한 축구 선수들도 마그누스 효과를 이용해요. 수비벽을 피해 공을 골문으로 정확히 휘어지게 차곤 하지요. 이 원리를 알면, 단순히 세게 차지 않아도 회전 방향과 세기를 조절해 더 정확하고 예측하기 어려운 슛을 만들어 낼 수 있어요. 덕분에 프리 킥이나 코너킥처럼 중요한 상황에서 상대 골키퍼와 수비수를 속이는 전략으로 쓸 수 있어요. 마그누스 효과는 축구뿐만 아니라 야구의 커브 볼, 테니스의 스핀, 탁구의 회전 기술 등에서도 쉽게 찾아볼 수 있답니다.

O/X 퀴즈

1. 바나나킥은 공을 똑바로 세게 차면 만들 수 있어요. (O/X)
2. 마그누스 효과는 압력 차이로 공이 휘어지는 현상이에요. (O/X)
3. 마그누스 효과는 프리 킥이나 코너킥 전술에 활용하기 어려워요. (O/X)

정답 X, O, X

과학 상식 더하기

스포츠 속 숨은 과학!

마그누스 효과는 여러 스포츠에서 찾아볼 수 있어요. 예를 들어, 야구의 투수는 슬라이더나 커브를 던질 때 공에 회전을 주어 타자 앞에서 공의 궤적이 갑자기 바뀌게 해요. 또 탁구에서는 라켓 각도와 스윙으로 강한 회전을 걸어, 공이 낮게 휘거나 상대 코트에 갑자기 떨어지게 할 수 있지요. 이처럼 마그누스 효과는 여러 스포츠의 승부를 가르는 중요한 과학 원리예요.

과학 상식툰

63 자석으로 몸속을 들여다볼 수 있다고?

병원에서 뼈를 확인할 때는 엑스레이(X-ray)를 사용하지만, 뇌나 척수, 근육, 인대처럼 부드러운 부위는 엑스레이로 잘 안 보일 때가 있어요. 이럴 때 의사들은 'MRI(자기공명영상)'를 사용해요. MRI 검사는 강력한 자기장을 이용해 몸속을 촬영하는 기술로, 다치거나 병이 생긴 곳을 정확히 찾기 위해서 활용돼요.

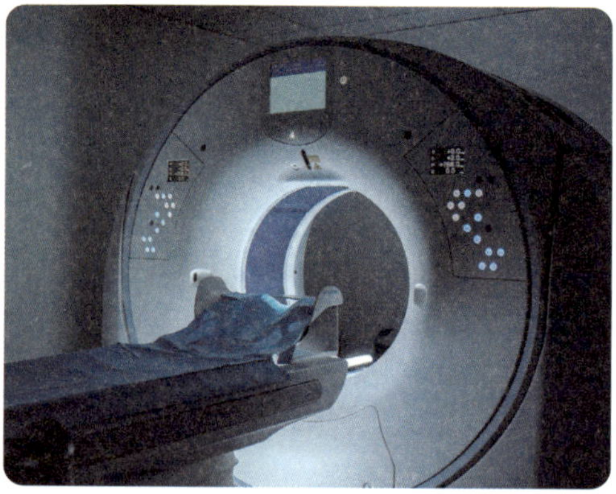

강력한 자기장의 비밀

자기장은 자석 주위에 생기는 보이지 않는 힘의 영역을 말해요. 지구에도 거대한 자기장이 있는데, 나침반 바늘이 항상 북쪽을 가리키는 것도 이 자기장 때문이에요. MRI는 초강력 자석을 이용해 우리 몸속 물 분자에 있는 수소 원자들을 일정한 방향으로 줄 세워요. 수소 원자는 우리 몸속 물과 지방에 많이 들어 있는 아주 작은 입자로, 물질의 기본 구성 단위인 원자 중 하나예요. MRI는 이 수소 원자를 통해 몸 전체를 정밀하게 촬영할 수 있답니다.

신호를 그림으로 바꾸는 방법

그다음 MRI는 특별한 전파(라디오파)를 보내 수소 원자를 흔들어요. 그리고 이 원자들이 다시 제자리로 돌아올 때 나오는 신호를 잡아내지요. 이 신호들은 컴퓨터로 보내져, 위치와 세기에 따라 색과 명암이 다른 그림으로 변해요. 이렇게 완성된 MRI 영상은 뇌나 척수, 장기, 근육, 인대 등의 상태를 아주 세밀하게 보여 줘서 병을 더 빨리, 더 정확하게 진단할 수 있게 해 준답니다.

O/X 퀴즈

1. MRI는 뼈를 보기 위해서만 사용하는 장치예요. (O/X)
2. MRI 영상으로 뇌, 척수, 근육 같은 부드러운 조직을 선명하게 보기 어려워요. (O/X)
3. MRI는 강력한 자기장을 이용해 우리 몸속 수소 원자를 줄 세워요. (O/X)

정답 X, X, O

과학 상식 더하기

MRI 검사 시 주의해야 할 것이 있다고?

MRI 검사 시 쓰이는 자기장은 자석보다 훨씬 강해서 금속 물체가 있으면 예기치 못한 사고를 일으킬 수 있어요. 그래서 MRI를 찍기 전에는 반드시 귀걸이, 반지, 시계, 안경 같은 액세서리와 벨트, 머리핀 같은 금속 제품을 모두 빼야 해요. 또 몸속에 금속 임플란트나 인공 관절, 심박 조율기 같은 장치를 가진 경우에는 반드시 의료진에게 알려야 안전하게 검사를 받을 수 있답니다.

숨은그림찾기

병원에 숨은 그림을 모두 찾아보세요!

숨은 그림

- ☐ 열쇠
- ☐ 애벌레
- ☐ 종이배
- ☐ 양초
- ☐ 망원경

정답

64 차도 들어 올리는 커다란 자석이 있다고?

폐차장에 가면 무거운 자동차를 들어 올리는 거대한 기계가 있어요. 이 기계를 '기중기'라고 불러요. 무거운 물건을 높은 곳으로 들어 올리거나 옮길 수 있는 장비이지요. 그런데 폐차장에 있는 기중기에는 특별한 자석이 달려 있어요.

전기가 만드는 특별한 자석

자석과 전류가 서로 끌어당기거나 밀어내면서 서로에게 미치는 힘을 '자력'이라고 해요. 전자석은 전기를 흘려보내면 강력한 자석이 되지만, 전기를 끊으면 자력이 사라지는 신기한 자석이에요. 전류가 흐를 때 생기는 자기장이 쇠막대를 강력한 자석으로 바꿔 주는 거지요. 전선을 많이 감거나 전류를 세게 올리면 힘이 더 강해져서 몇 톤짜리 자동차도 가뿐히 들어 올릴 수 있답니다.

전자석이 편리한 이유

보통 자석은 한번 붙으면 쉽게 떨어지지 않지만, 전자석은 전기를 끄면 자력이 바로 사라져요. 그래서 기중기로 자동차를 옮길 때, 필요한 순간에 자동차를 붙이고 원하면 바로 내려놓을 수 있답니다. 전자석은 폐차장뿐만 아니라 공장, 재활용 센터, 심지어 우주에서도 쓰이며 세상을 더 편리하게 만들어 줘요. 예를 들어, 발전소에서는 전자석을 이용해 전기를 만드는 발전기를 돌려요. 또 놀이공원의 롤러코스터 제동 장치에도 전자석이 쓰여요. 전자석으로 놀이기구의 속도를 안전하게 조절할 수 있지요. 이처럼 전자석은 우리 일상과 산업, 과학 기술 곳곳에서 없어서는 안 될 중요한 도구예요.

O/X 퀴즈

1. 전자석은 전기를 흘려보내면 강한 자석이 돼요. (O/X)
2. 전선을 더 많이 감거나 전류를 세게 하면 전자석의 힘이 강해져요. (O/X)
3. 전기를 꺼도 전자석의 자력은 계속 유지돼요. (O/X)

정답 O, O, X

과학 상식 더하기

우주에서 전자석은 어떻게 사용될까?

우주에는 중력이 거의 없어서, 나사 같은 작은 물건도 둥둥 떠다녀요. 이때 전자석을 이용하면 필요한 순간에 전기를 흘려보내 금속을 단단히 붙잡을 수 있어요. 우주 정거장 밖에서 무언가를 고칠 때 쓰기 좋지요. 이처럼 우주인이 사용하는 전자석 장치는 공구를 놓치지 않게 해 주고, 위성 조립이나 우주 쓰레기 수거에도 쓰여요.

선으로 이어요

보기의 상황과 어울리는 경우를 선으로 연결해 보세요.

① 못에 전선을 여러 번 감고 전지를 연결해 전기를 흘린 경우 •

② 나무 막대에 전선을 감았지만 전기를 공급하지 않은 경우 •

③ 우주 정거장에서 금속 공구를 붙잡기 위해 전기를 공급하는 특수 장치 •

• ㉠ 전자석이 되는 경우

• ㉡ 전자석이 되지 못하는 경우

정답 ①-㉠, ②-㉡, ③-㉠

65 생각만으로 컴퓨터를 조종한다고?

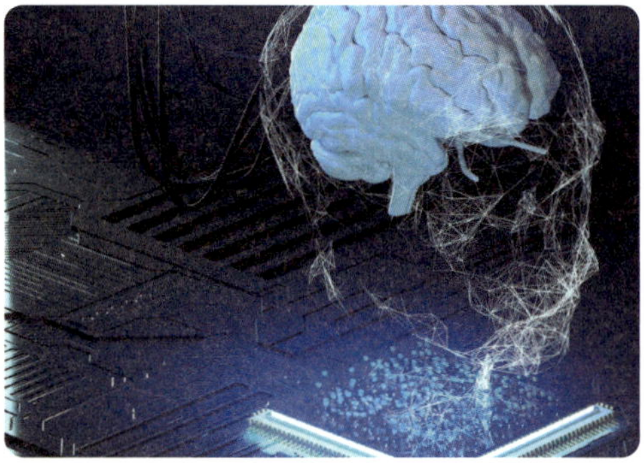

게임 패드나 키보드 없이 단지 생각만으로 컴퓨터나 로봇을 조종할 수 있다면 어떨까요? 이 놀라운 기술은 이미 세상에 나왔어요. 바로 '뇌-컴퓨터 인터페이스(BCI)'예요. 뇌가 활동할 때 나오는 아주 약한 전기 신호, 즉 뇌파를 읽어서 컴퓨터 명령으로 바꾸는 원리에서 비롯되었지요.

뇌파를 읽는 특별한 장치

BCI 장치는 머리에 쓰는 '두건 모양'이나 '헬멧 모양'의 기기인데, 표면에 여러 개의 전극 센서가 달려 있어 뇌파를 실시간으로 감지해요. 우리가 어떤 동작을 상상하면 뇌 속 운동 영역(운동 피질)이 활성화돼요. 이때 미세한 전기 신호가 만들어지는데, 전극 센서가 이 신호를 정확하게 포착해 컴퓨터로 보내지요. 컴퓨터는 인공 지능을 이용해 이 신호 패턴을 분석하고, '앞으로 가기', '손 들기' 같은 구체적인 명령으로 바꿔요. 최근에는 센서 크기를 더 작게 만들거나 무선으로 연결할 수 있는 장치도 개발되어, 더 편리하고 정밀하게 뇌파를 읽을 수 있답니다.

미래를 바꾸는 BCI 기술

BCI는 신체를 움직이기 어려운 사람에게 도움을 줄 수 있어요. 예를 들어, 생각만으로 휠체어를 움직이거나 로봇 팔로 물건을 집을 수도 있지요. NASA(미국 항공 우주국)에서는 우주 비행사가 두꺼운 우주복 때문에 손을 쓰기 어려운 환경에서 로봇을 조종하는 실험을 하고 있어요. 또 병원에서는 재활 훈련에 BCI를 쓰고 있지요. 앞으로는 글쓰기, 그림 그리기, 심지어 악기 연주마저 생각만으로 할 수 있는 세상이 올지도 몰라요.

O/X 퀴즈

1. BCI는 뇌에서 나오는 전기 신호(뇌파)를 읽어 컴퓨터 명령으로 바꿔요. (O/X)
2. BCI는 단순한 게임에만 유용하게 쓰여요. (O/X)
3. BCI 기술이 발전하면 휠체어나 로봇 팔을 생각만으로 조종할 수 있어요. (O/X)

정답 O, X, O

과학 상식 더하기

BCI 기술, 어디까지 왔을까?

일론 머스크(Elon Musk)가 세운 회사, 뉴럴링크(Neuralink)는 뇌 속에 가는 전극을 심어, 뇌가 보내는 전기 신호를 빠르게 읽고 컴퓨터로 전달하는 기술을 개발하고 있어요. 이 기술이 완성되면 마비 환자도 생각만으로 로봇 팔을 움직이고, 말을 못 하는 사람도 글자를 입력해 소통할 수 있게 돼요. 2024년, 임상 시험에서는 세계 최초로 환자가 생각만으로 컴퓨터 커서를 움직이는 데 성공했어요.

과학 퀴즈

머리에서 나오는 약한 전기 신호로, 뇌가 활동할 때 생기는 파동은 무엇일까요?

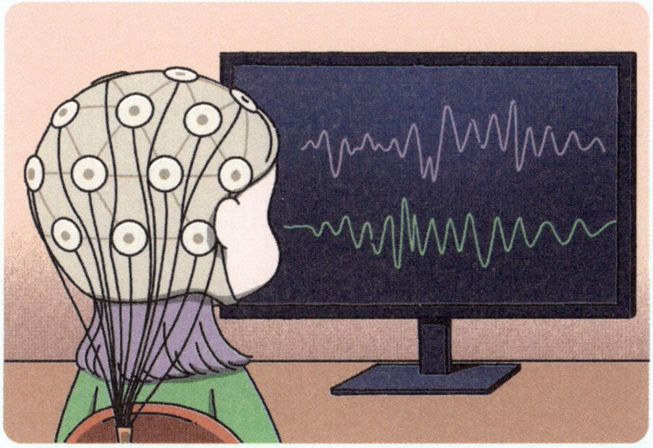

정답 뇌파

66 시장 바구니를 드는 것보다 카트를 끄는 게 더 편한 이유

마트에서 장을 보고 과자가 가득 담긴 장바구니를 들고 다니면 매우 힘들어요. 하지만 같은 물건을 카트에 담아 끌면 훨씬 편하지요. 그 비밀은 바로 '마찰력'에 있어요.

굴리면 마찰력이 줄어들어요

마찰력은 두 물체가 맞닿아 있을 때 서로의 움직임을 방해하는 힘이에요. 물건이 바닥에 직접 닿으면 표면의 울퉁불퉁한 부분이 서로 걸려서 더 힘이 많이 들어요. 하지만 바퀴를 사용하면 바닥과 닿는 위치가 계속 바뀌고, 울퉁불퉁한 곳을 살짝살짝 넘어가기 때문에 방해하는 힘이 훨씬 줄어들어요. 그래서 무거운 짐도 바퀴를 이용해 굴리면 보다 쉽게 옮길 수 있는 거예요. 이 원리는 공장이나 항구에서 무거운 화물을 옮길 때도 활용돼요. 바퀴나 롤러를 이용하면 몇 톤이 넘는 물체도 몇 명이서 간단히 옮길 수 있답니다.

마찰 계수는 '미끄러운 정도'를 나타내요

마찰 계수는 '얼마나 미끄러운지, 혹은 얼마나 거친지'를 숫자로 나타낸 거예요. 값이 크면 거칠고, 작으면 미끄러워요. 예를 들어, 바닥에 상자를 끌면 마찰 계수가 크기 때문에 힘이 많이 들어요. 하지만 바퀴를 사용하면 마찰 계수가 작아져 힘이 훨씬 적게 들어요. 같은 20kg 물건도, 바닥에 끌면 팔이 아플 만큼 힘들지만, 바퀴를 이용해 굴리면 훨씬 가볍게 느껴지지요. 그래서 무거운 짐을 옮길 때는 바퀴 달린 도구를 활용하는 것이 가장 효율적이에요.

O/X 퀴즈

1. 카트를 끌 때 힘이 덜 드는 이유는 마찰력이 줄어들기 때문이에요. (O/X)
2. 미끄러운 바닥은 거친 바닥보다 마찰 계수가 더 커요. (O/X)
3. 마찰력은 물건이 움직일 때 도와주는 힘이에요. (O/X)

정답 O, X, X

과학 상식 더하기

미끄럼틀에서 잘 미끄러지는 이유는 뭘까?

놀이터 미끄럼틀은 표면이 매끈해서 마찰력이 작아요. 마찰력은 표면이 거칠수록 커지고, 매끄러울수록 작아져요. 미끄럼틀 표면을 매끄럽게 만들면 타고 내려갈 때 바닥과 옷 사이의 마찰력이 줄어, 훨씬 부드럽게 미끄러지지요. 반대로 운동화 밑창은 매끄럽지 않고 홈이 많이 파여 있는데, 그 이유는 마찰력을 키워 잘 미끄러지지 않게 하기 위한 거예요.

숨은그림찾기

마트에 숨은 그림을 모두 찾아보세요!

숨은 그림

- □ 고양이
- □ 물고기
- □ 삼각자
- □ 로켓
- □ 하트

정답

67 정약용은 수원 화성을 지을 때 무거운 돌을 어떻게 옮겼을까?

1794년, 정조 대왕은 수원에 '화성'을 짓기로 했어요. 하지만 문제는 성벽을 쌓을 무거운 돌이었어요. 돌 하나의 무게가 무려 600kg이 넘어서, 수십 명이 함께 들어도 조금밖에 움직이지 못했지요. 게다가 언덕 위로 돌을 옮기려면 더 큰 힘이 필요했어요. 이런 어려움을 해결하기 위해 정약용은 도르래의 원리를 응용한 '거중기'를 발명했답니다.

거중기로 어떻게 무거운 돌을 가뿐히 옮겼을까요?

도르래는 바퀴에 홈을 파고 줄을 걸어서 돌려 물건을 움직이는 장치예요. 거중기는 여러 개의 도르래를 연결해 무게를 나누는 기계이지요. 예를 들어, 600kg 돌을 그냥 들려면 600kg의 힘이 필요하지만, 도르래 6개를 연결하면 필요한 힘이 약 100kg 정도로 줄어들어요. 그렇게 되면 여섯 명이 각각 17kg 정도의 무게만 들어도 돌이 움직이지요. 줄을 더 길게 당겨야 하지만, 그만큼 힘은 훨씬 덜 들어요. 덕분에 화성 건설은 훨씬 빠르고 안전하게 진행될 수 있었답니다.

도르래의 원리를 활용하는 곳

도르래의 원리는 다양한 곳에서 활용되고 있어요. 건설 현장에서 철골을 들어 올리거나 항구에서 대형 컨테이너를 옮길 때, 무대 공연에서 조명과 세트를 올리고 내릴 때도 쓰여요. 또 산악 구조 현장에서는 도르래를 이용해 구조 대원이 사람이나 장비를 안전하게 끌어올릴 수 있지요. 뿐만 아니라 요트나 돛단배의 돛줄을 조절할 때도 도르래의 원리가 활용된답니다.

O/X 퀴즈

1. 600kg 돌을 도르래 없이 들려면 약 100kg을 드는 정도의 힘이 필요해요. (O/X)
2. 정약용은 수원 화성의 무거운 돌을 옮기기 위해 '거중기'를 만들었어요. (O/X)
3. 도르래를 쓰면 물체를 들어 올릴 때 필요한 힘을 줄일 수 있어요. (O/X)

정답 X, O, O

과학 상식 더하기

정약용은 농사를 돕는 발명품도 만들었다고?

정약용은 '녹로(轆轤)'라는 발명품도 만들었어요. 녹로는 바퀴와 물레방아의 원리를 이용해 강이나 우물에서 물을 퍼 올리는 도르래로, 오늘날의 양수기(물을 퍼 올리는 기계)와 비슷해요. 사람이 직접 물통을 나르지 않아도 손잡이를 돌려 물을 퍼 올릴 수 있었지요. 녹로 덕분에 농사 지을 때 물을 논밭에 대는 관개 작업이 빨라졌고, 쉽게 물을 줄 수 있었어요.

숨은그림찾기

건설 현장에 숨은 그림을 모두 찾아보세요!

숨은 그림

- ☐ 구두
- ☐ 버섯
- ☐ 돛단배
- ☐ 컵
- ☐ 고구마

정답

68 휴대폰 충전기를 계속 꽂아 두면 진짜 전기세가 많이 나올까?

혹시 콘센트에 휴대폰 충전기를 꽂아 두고 생활하나요? 그렇다면 '대기 전력'을 조심해야 해요. 휴대폰을 충전하지 않아도, 충전기가 콘센트에 꽂혀 있는 것만으로도 전기가 계속 쓰이거든요. 이렇게 아무 일도 하지 않는 기기가 전기를 조금씩 쓰는 걸 대기 전력이라고 해요.

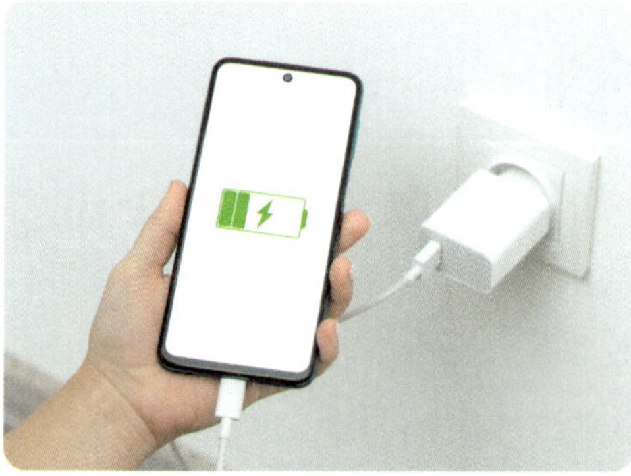

대기 전력, 얼마나 낭비될까요?

휴대폰 충전기 1개가 하루 종일 꽂혀 있으면 평균 0.01kWh 정도의 전기를 써요. 한 달이면 약 0.3kWh, 1년이면 3~4kWh가 됩니다. 전기 요금으로는 한 해 약 500원 정도지만, 집 안의 TV, 전자레인지, 컴퓨터, 세탁기 같은 가전제품까지 합치면 가구당 연간 1만 원 이상이 새어 나가는 셈이에요. 전 세계로 따지면 어마어마한 전력이 허공으로 사라지고 있는 거지요. 여기서 '전력'은 전기가 일할 수 있는 힘의 양을 말하고, 우리가 내는 전기 요금은 전력 사용량(kWh)에 단가를 곱해 계산한 값이에요.

낭비를 줄이는 작은 습관

대기 전력을 줄이려면 사용하지 않는 충전기를 콘센트에서 뽑아 두는 게 좋아요. 멀티탭 전원의 스위치를 꺼 두는 것도 좋은 방법이지요. 이런 습관은 전기 요금을 아끼는 것뿐만 아니라, 전기를 만드는 과정에서 생기는 온실가스도 줄일 수 있어요. 온실가스란 지구 대기를 오염시켜 온실 효과를 일으키는 가스를 통틀어 이르는 말로, 이산화탄소, 메테인 따위를 말해요. 콘센트에서 안 쓰는 충전기를 뽑아 두는 작은 실천이 지구 환경을 지키는 첫걸음이 될 수 있답니다.

O/X 퀴즈

1. 휴대폰을 충전하지 않으면 충전기가 콘센트에 꽂혀 있어도 전기가 안 쓰여요. (O/X)
2. 집에 있는 가전제품의 대기 전력을 합치면 많은 전기가 낭비되고 있어요. (O/X)
3. 대기 전력을 줄이려면 멀티탭 전원 스위치를 꺼 두는 것이 도움이 돼요. (O/X)

정답 X, O, O

과학 상식 더하기

최신 충전기는 얼마나 전기를 아낄까?

충전기에 휴대폰을 연결하지 않아도 흐르는 '대기 전력'은 구형과 신형 제품 사이에 큰 차이가 있어요. 구형 충전기의 대기 전력은 평균 0.5W 정도로, 최신 스마트 충전기보다 약 25배 더 높아요. 그래서 오래된 충전기를 새 제품으로 바꾸고, 충전기를 사용하지 않을 땐 플러그를 뽑아 두는 것이 환경을 지키는 데 도움이 돼요.

선으로 이어요

보기의 설명과 어울리는 예시를 선으로 연결해 보세요.

- ① 대기 전력을 줄이는 방법
- ② 대기 전력이 다소 높은 경우
- ③ 대기 전력이 매우 낮은 경우

- ㉠ 최신 스마트 충전기 (약 0.02~0.04W)
- ㉡ 구형 충전기(약 0.5W)
- ㉢ 충전기를 사용하지 않을 때 플러그를 빼 놓기

정답 ①-㉢, ②-㉡, ③-㉠

69 롤러코스터는 왜 거꾸로 돌아도 떨어지지 않을까?

놀이공원에서 롤러코스터를 타면 머리가 쭈뼛 설 만큼 무서워지는 순간이 있어요. 바로 거꾸로 뒤집히는 구간이에요. 이때 위아래가 바뀌지만 사람들은 떨어지지 않아요. 그 이유는 무엇일까요?

원심력이 우리를 붙잡아요

원심력은 물체가 원을 그리며 움직일 때 바깥쪽으로 밀어내는 힘이에요. 롤러코스터가 시속 70~100km 속도로 회전할 때, 우리 몸에는 중력의 3~5배에 해당하는 힘이 가해져요. 중력은 원래 우리 몸을 아래로 끌어당기는 힘인데, 여기에 원심력이 더해지면 강한 압박감을 느끼게 돼요. 이런 강한 힘 덕분에 차량이 뒤집혀도 몸은 의자에 단단히 눌려 떨어지지 않아요. 원심력은 롤러코스터뿐만 아니라 일상에서도 경험할 수 있어요. 세탁기 탈수통 속 빨래가 벽에 붙어 돌거나, 버스가 빠르게 커브를 돌 때 승객들의 몸이 바깥쪽으로 쏠리는 것도 같은 원리예요.

안전장치까지 갖춰 더 안전해요

원심력만 믿는 건 아니에요. 롤러코스터에는 어깨와 허리를 단단히 고정하는 안전바가 있는데, 이 안전바는 강한 철제 프레임과 유압 장치로 설계돼 성인 4~5명의 몸무게(약 300kg 이상)를 충분히 견딜 수 있어요. 또 레일과 바퀴가 세 방향에서 맞물리는 삼중 고정 구조로 되어 있어, 차량이 레일에서 이탈하지 않게 해 줘요. 이렇게 치밀한 안전 설계 덕분에 우리는 거꾸로 매달린 아찔한 순간에도 놀이기구를 안전하게 즐길 수 있답니다.

O/X 퀴즈

1. 롤러코스터가 거꾸로 돌아도 사람이 떨어지지 않는 이유는 원심력 때문이에요. (O/X)
2. 롤러코스터 회전 시 몸에는 중력의 약 3~5배 정도의 힘이 가해져요. (O/X)
3. 롤러코스터를 탈 때 사람이 떨어지지 않는 이유는 오직 원심력 때문이에요. (O/X)

정답 O, O, X

과학 상식 더하기

세상에서 가장 빠른 롤러코스터는 얼마나 빠를까?

아랍에미리트 아부다비에 있는 놀이기구 '포뮬러 로사(Formula Rossa)'는 단 4.9초 만에 시속 240km까지 도달해요. 전투기 이륙 속도보다 빠르고, F1 레이싱카와 맞먹는 수준이지요. 빠른 속도의 비결은 항공기에 쓰이는 '유압 발사 시스템'이에요. 강한 압력으로 롤러코스터를 밀어내 순간적으로 엄청난 속도를 내게 하지요. 탑승객은 바람이 너무 강해, 눈 보호용 고글을 착용해야 할 정도예요.

과학 상식툰

70 스마트폰 속에도 자석이 숨어 있다고?

스마트폰 안에는 복잡한 칩과 회로만 가득할 거라고 생각하기 쉬워요. 그런데 그 속을 들여다보면, 전기를 이용해 만드는 작은 자석인 '전자석'도 꼭 들어 있어요. 전자석이 없다면 소리, 진동, 카메라 초점 같은 기능이 제대로 작동하지 못한답니다.

스마트폰 속 전자석의 마법

스마트폰 스피커는 전자석이 진동판을 앞뒤로 움직이며 소리를 내요. 진동 모터는 전자석이 회전 추를 빠르게 돌려, 알림이나 전화가 올 때 '부르르' 진동을 만들어 주지요. 또 카메라 속 전자석은 렌즈를 아주 미세하게 움직여 자동으로 초점을 맞춰 줘요. 전자석은 전기를 켜면 자석이 되고, 끄면 힘이 사라지는 성질이 있어 이런 정밀한 움직임을 가능하게 한답니다.

그렇다면 전자석은 누가 발명했을까요?

전자석을 처음 만든 사람은 영국의 윌리엄 스터전(William Sturgeon)이에요. 그는 1825년, 쇠막대에 전선을 감고 전류를 흘리면 자석처럼 붙었다가 전류를 끊으면 힘이 사라지는 전자석을 발명했어요. 이후 새뮤얼 모스(Samuel Morse)가 전기 신호를 '·, -' 같은 부호로 바꿔 멀리 전달하는 기계, 전신기를 발명했지요. 그 뒤, 알렉산더 그레이엄 벨(Alexander Graham Bell)이 전자석의 원리를 이용해 목소리를 전기 신호로 바꾸는 전화기를 만들면서 오늘날 통신 기술의 시대가 열렸답니다.

O/X 퀴즈

1. 스마트폰 안에는 전자석이 전혀 들어 있지 않아요. (O/X)
2. 스마트폰 스피커는 전자석의 힘으로 진동판을 움직여 소리를 내요. (O/X)
3. 카메라 속 전자석은 렌즈를 움직여 자동으로 초점을 맞추어요.

정답 X, O, O

과학 상식 더하기

스마트폰은 누가 처음 만들었을까?

스마트폰의 시초는 1992년 IBM에서 개발한 '사이먼(Simon) 휴대 전화'예요. 이 전화기는 단순히 전화 통화뿐 아니라, 터치스크린으로 팩스나 메일을 보내거나 주소록과 일정도 관리할 수 있었어요. 화면은 흑백이고 무게가 500g 이상으로 지금보다 훨씬 크고 무거웠지만, 당시에는 전화와 컴퓨터의 기능을 합친 혁신적인 발명품이었지요.

과학 퀴즈 - 난센스

사진도 찍고, 음악도 듣고, 게임도 하는데, 절대 혼자 밥은 못 먹는 건 무엇일까요?

정답 스마트폰

71 비 오는 날엔 왜 천천히 운전해야 할까?

비가 오면 도로 위에 물이 얇게 고이면서, 자동차 바퀴가 도로와 직접 맞닿아 생기는 마찰력이 약해져요. 마찰력은 두 물체가 서로 맞닿아 있을 때 미끄러지지 않도록 잡아 주는 힘이에요. 자동차가 움직일 때는 도로를 단단히 붙잡아 멈추거나 방향을 바꾸게 도와주는 아주 중요한 힘이지요. 만약 마찰력이 충분하지 않으면 바퀴가 헛돌거나 차가 멈추는 거리가 늘어나 큰 사고로 이어질 수 있답니다.

타이어가 물 위를 달린다고요?

자동차가 빠르게 달릴 때 타이어와 도로 사이에 물이 끼면, 물이 얇은 막을 만들면서 타이어가 물 위를 달리게 돼요. 이게 바로 '수막 현상'이에요. 이렇게 되면 브레이크를 밟아도 차를 멈추기 어렵고, 핸들이 말을 듣지 않아 자동차가 미끄러질 수 있어요. 마치 스케이트를 타는 것처럼요.

타이어 점검이 왜 중요한가요?

타이어 표면에는 빗물이나 물기를 바깥으로 흘려보내는 홈이 있어요. 홈이 깊을수록 물을 빨리 빼내서 마찰력을 유지해 줘요. 하지만 홈이 닳아 얕아지면 물이 빠져나가지 못해 수막 현상이 생기기 쉬워요. 그래서 비 오는 날에 안전하게 운전하려면 속도를 줄이는 것도 중요하지만 주기적으로 타이어를 꼭 점검해야 해요. 타이어가 닳진 않았는지, 공기의 압력이 빠지진 않았는지 꼭 살펴봐야 하지요.

O/X 퀴즈

1. 비 오는 날엔 바퀴와 도로 사이의 마찰력이 줄어들어요. (O/X)
2. 타이어 상태를 자주 점검하면 수막 현상의 위험을 줄일 수 있어요. (O/X)
3. 타이어 홈이 얕을수록 빗물이 더 잘 빠져나가 안전해요. (O/X)

정답 O, O, X

과학 상식 더하기

빗길에 강한 타이어가 따로 있다고?

'레인 타이어'는 홈(트레드 패턴)을 V자나 곡선 모양으로 설계해, 달릴 때 물을 양옆으로 밀어내도록 도와줘요. 또 부드러운 재질의 고무를 사용해, 젖은 표면에도 도로를 꽉 잡을 수 있게 했지요. 실제 자동차 경주에서도 빗길에는 특별한 '웻 타이어'를 장착해 속도를 유지하며 안전하게 달릴 수 있어요. 하지만 아무리 좋은 타이어라도 속도가 너무 빠르면 물을 다 밀어내지 못하니, 꼭 주의해야 해요.

과학 상식툰

72 공룡은 어떤 소리로 울부짖었을까?

영화 속 공룡 울음소리는 아주 우렁차고 무서워요. 오래전, 실제 공룡은 어떤 소리를 냈을까요? 과학자들은 이를 오랫동안 궁금해했는데, 최근 드디어 그 궁금증이 해소되기 시작했어요. 바로 3D 프린터와 첨단 컴퓨터 분석 기술 덕분이지요.

두개골이 들려주는 과거의 목소리

연구자들은 공룡의 두개골 화석을 정밀 스캔해 3D 모델을 만든 뒤, 3D 프린터로 재현했어요. 이렇게 만든 모형에 공기를 불어 넣어, 공기가 목과 입을 통과할 때 어떤 울림을 만드는지 실험했지요. 또 공룡과 가까운 동물인 악어와 새의 발성 방식과 비교했어요. 실험 결과, 일부 공룡은 영화처럼 '으르렁'거리기보다는 낮고 울림 있는 소리나 코로 '붕~' 하고 부는 듯한 소리를 냈을 가능성이 크다는 사실이 밝혀졌어요. 이 연구는 단순한 상상이 아니라 실제 데이터를 바탕으로 한 과학적 분석이기 때문에 신뢰도가 높아요.

현대 동물이 알려 주는 공룡의 소리

악어는 물속에서도 깊고 진동이 강한 소리를 내고, 새는 공기를 부드럽게 조절해 다양한 음을 만들어요. 두 특징을 합쳐서 생각해 보면, 어떤 공룡은 저음의 진동과 날카로운 소리를 함께 낼 수 있었을지도 몰라요. 이런 연구 덕분에 우리는 수천만 년 전, 공룡들의 모습을 훨씬 생생하게 상상할 수 있답니다. 앞으로 음향 분석 기술이 더 발전하면, 공룡의 실제 울음소리를 지금보다 더 정밀하게 복원할 수 있을 거예요.

O/X 퀴즈

1. 악어는 물속에서도 깊고 진동이 강한 소리를 내요. (O/X)
2. 현재 공룡과 먼 동물로는 악어와 새가 있어요. (O/X)
3. 과학자들은 3D 프린터로 공룡의 두개골 모형을 만들어 소리를 연구해요. (O/X)

정답 O, X, O

과학 상식 더하기

의료 현장에서도 활약하는 3D 프린터

3D 프린터는 단순히 장난감이나 모형만 만드는 게 아니에요. 최근에는 환자의 CT나 MRI 영상을 바탕으로 뼈나 장기의 정밀한 3D 모델을 만들어 수술을 연습하는 데 쓰고 있어요. 예를 들어, 심장 수술이 필요한 어린이의 심장을 실제 크기와 모양대로 출력하면, 의사가 미리 절개 위치와 수술 방법을 시험해 볼 수 있어요. 이를 통해 수술 시간이 줄고, 성공률도 높아지지요.

과학 상식툰

73 비 오는 밤, 가로등 불빛은 왜 동그랗게 번져 보일까?

비 오는 밤, 가로등 불빛이 동그랗게 번져 보일 때가 있어요. 그럴 때면 괜히 두 눈을 비비곤 하죠. 하지만 이건 눈이 피곤해서가 아니에요. 빛이 아주 작은 물방울과 만나 특별한 모양을 만들기 때문이에요. 과연 그 이유는 무엇일까요?

가로등 불빛이 번지는 이유

공기 중의 작은 물방울이나 안개, 심지어 유리창에 맺힌 습기도 빛의 길을 방해할 수 있어요. 이렇게 빛이 좁은 틈이나 작은 입자를 지나갈 때 곧게 나아가지 못하고 휘어지거나 퍼지는 현상을 '회절'이라고 해요. 그래서 비 오는 날, 멀리서 가로등을 보면 불빛이 부드럽게 번져 보인답니다.

생활 속에서 보이는 회절

회절은 가로등 불빛뿐만 아니라 우리 주변 곳곳에서 볼 수 있어요. 예를 들어, CD나 DVD 표면에 무지갯빛이 나타나는 것도 미세한 홈이 빛을 회절시키기 때문이에요. 또 가는 머리카락이나 철사 뒤에 있는 불빛을 볼 때도 빛이 가느다란 장애물을 지나며 퍼져 보이지요. 심지어 눈을 가늘게 뜨고 불빛을 바라보면 우리 속눈썹 사이에서 회절이 일어나, 불빛이 여러 갈래로 나뉘어 보이기도 해요. 이 원리는 카메라 렌즈나 안경 렌즈를 제작할 때도 활용되어, 빛의 흐름을 조절하고 더 선명한 이미지를 얻는 데 도움을 줘요. 이외에도 과학자들은 회절을 연구해 빛의 성질을 이해하고, 망원경이나 현미경처럼 세밀한 관찰 도구를 발전시키기 위해 힘쓰고 있답니다.

O/X 퀴즈

1. 비 오는 날 가로등 불빛이 번져 보이는 건 빛의 회절 현상 때문이에요. (O/X)
2. 회절은 빛이 큰 장애물을 만날 때만 일어나는 현상이에요. (O/X)
3. CD 표면에 무지갯빛이 보이는 것도 회절과 관련이 있어요. (O/X)

정답 O, X, O

과학 상식 더하기

별빛 속 비밀을 읽는 회절 분석

천문학자는 별빛을 그냥 '밝다', '어둡다'로만 보지 않아요. 망원경에 회절 격자라는 부품을 장착하면, 별빛이 여러 색으로 갈라져 스펙트럼이 만들어져요. 이 스펙트럼에는 별 속에 어떤 원소가 있는지, 별의 온도나 움직이는 속도가 어떤지에 대한 단서가 숨어 있어요. 그래서 지구에서 수백 광년 떨어진 별의 성분도 알아낼 수 있지요.

과학 퀴즈

빛이 좁은 틈이나 작은 입자를 지날 때 휘어지는 현상을 무엇이라고 할까요?

정답 회절

74 어라? 거울 속 나는 키가 두 배! 몸무게도 두 배?!

우리가 매일 보는 거울에도 재미있는 비밀이 있어요. 평면거울은 있는 그대로의 모습을 보여 주지만, 모양이 둥글거나 오목하게 들어간 거울은 전혀 다른 모습을 보여 주지요.

거울 모양에 따라 달라지는 상

볼록 거울은 표면이 바깥쪽으로 볼록해요. 빛이 여기서 반사되면 넓게 퍼져서 물체가 작고, 모여 있는 것처럼 보이지요. 그래서 자동차 사이드 미러나 마트 구석에 있는 거울처럼 넓은 범위를 볼 때 사용돼요. 반대로 오목 거울은 표면이 안쪽으로 들어가 있어요. 빛이 한곳으로 모이면서 상이 커 보여요. 놀이공원에서 종종 보는 '웃긴 거울'에서 얼굴이나 키가 늘어나 보이는 것도 이 원리 때문이에요. 또 오목 거울은 빛을 모으는 성질 덕분에 망원경처럼 빛을 한 점에 집중시키는 도구로도 활용돼요.

빛이 만드는 마법 같은 변화

거울의 굴곡은 빛의 반사 각도를 바꿔요. 볼록 거울은 빛을 흩어지게 해 넓은 장면을 담고, 오목 거울은 빛을 모아 확대된 상을 만들지요. 그래서 거울 모양에 따라 키가 늘어나거나 줄어든 나의 모습을 볼 수 있는 거예요. 거울 앞에서 웃으며 포즈를 취하면, 마치 다른 세상 속 내가 반갑게 인사하는 것 같답니다. 이런 원리를 이해하면 우리가 보는 다양한 거울 속 모습이 나만의 착각이 아니라는 사실을 알 수 있어요. 거울은 단순히 모습을 비추는 도구가 아니라, 과학 실험이나 기기에 없어서는 안 될 중요한 역할을 한답니다.

O/X 퀴즈

1. 볼록 거울은 상을 작게 모아, 넓은 범위를 볼 수 있어요. (O/X)
2. 거울의 굴곡에 따라 빛의 반사 각도가 달라져 상의 크기와 모양이 변해요. (O/X)
3. 오목 거울은 빛을 흩어지게 해 물체가 작아 보이게 해요. (O/X)

정답 O, O, X

과학 상식 더하기

볼록 거울과 오목 거울, 어디에 쓰일까?

볼록 거울은 넓은 시야를 보여 주는 특징 때문에 자동차 사이드 미러나 도로 모퉁이의 안전 거울, 마트 천장의 감시 거울 등에 쓰여요. 한눈에 넓은 범위를 볼 수 있어서 사고를 예방하는 데 좋지요. 반대로 오목 거울은 빛을 모아 상을 크게 보여 줘요. 그래서 작은 부분을 크게 보기 위한 화장 거울이나 치과 거울, 망원경 등에 사용된답니다.

선으로 이어요

보기의 예시와 어울리는 단어를 선으로 연결해 보세요.

① 운전자가 뒤쪽과 옆쪽을 한눈에 볼 수 있도록 넓은 시야를 제공하는 자동차 사이드미러

② 사람의 키와 몸을 길쭉하거나 뚱뚱하게 보여 주어 재미를 주는 놀이공원 거울

③ 입속 깊숙한 곳을 크게 보여 줘 세밀한 진료를 가능하게 하는 치과 진료용 거울

㉠ 오목거울

㉡ 볼록거울

정답 ①-㉡, ②-㉠, ③-㉠

75 햇빛에 물을 뿌리면 무지개가 생긴다고?

햇빛이 환하게 비치는 날, 정원에 물을 뿌리면 공기 중에 일곱 빛깔 무지개가 나타나요. 이 신기한 장면은 빛이 물방울 속에서 특별한 변화를 겪기 때문에 생겨난답니다.

물방울 속에서 춤추는 빛

햇빛은 사실 빨강부터 보라까지 여러 색깔의 빛이 섞여 있는 거예요. 이런 빛은 물이나 유리 같은 투명한 물질 속으로 들어가면 '빛의 굴절'이 일어나요. 굴절이란 빛이 다른 물질을 통과할 때 진행 방향이 꺾이는 현상이에요. 빛은 물방울 안으로 들어갈 때 한 번 방향이 꺾이고, 안에서 반사되어 밖으로 나올 때 또 한 번 꺾이면서 색깔별로 갈라져요. 이렇게 빛이 색깔별로 나눠어 보이는 걸 '빛의 분산'이라고 해요. 빨강, 주황, 노랑, 초록, 파랑, 남색, 보라 순서로 빛이 배열되는 이유는 저마다 퍼지는 길이가 조금씩 달라서 물방울 속에서 굴절되는 정도가 다르기 때문이랍니다.

무지개를 만나는 방법

무지개는 비가 그친 뒤, 또는 햇빛이 비치는 날 물을 뿌리면 잘 생겨요. 태양을 등지면 빛이 우리 뒤에서 공기 중에 떠 있는 물방울로 들어가요. 그 빛이 물방울 안쪽에서 우리가 서 있는 쪽으로 한 번 반사되어야 무지개가 보이지요. 그래서 정원 호스로 물을 뿌리거나 분수대 근처를 걸을 때, 태양을 등지고 서면 훨씬 더 선명한 무지개를 만날 수 있어요. 우리 눈과 태양, 물방울이 이루는 각도가 약 42°일 때 무지개가 가장 뚜렷하게 보여요. 이런 원리를 알면, 무지개가 나타날 수 있는 조건을 미리 예측할 수 있답니다.

O/X 퀴즈

1. 무지개를 잘 보려면 태양을 정면으로 바라봐야 해요. (O/X)
2. 햇빛은 원래 한 가지 색이에요. (O/X)
3. 무지개는 비가 그친 뒤, 또는 햇빛이 비치는 날 물을 뿌리면 잘 생겨요. (O/X)

정답 X, X, O

과학 상식 더하기

CD 표면에 피어난 무지개

CD 표면을 햇빛이나 전등 불빛에 비춰 보면, 알록달록 무지갯빛이 나는 걸 볼 수 있어요. 하지만 진짜 무지개는 빛의 굴절 때문에 생기지만 CD 표면의 무지갯빛은 회절 때문에 생겨요. CD 표면에는 아주 미세하고 촘촘한 홈이 나 있는데, 빛이 이 홈에 닿으면 색마다 회절되는 각도가 달라져 서로 다른 방향으로 퍼져요. 그래서 보는 각도나 빛의 위치에 따라 색이 달라지며, 무지갯빛으로 나뉘어 보이는 거지요.

숨은그림찾기

낚시터에 숨은 그림을 모두 찾아보세요!

숨은 그림

- □ 머핀
- □ 부메랑
- □ 바지
- □ 강아지
- □ 물고기

정답

76 화장실에서 노래하면 왜 목소리가 울릴까?

화장실에서 노래하면 마이크를 사용한 것처럼 소리가 울려, 마치 내가 가수가 된 것처럼 들릴 때가 있어요. 그 이유는 소리가 벽에 부딪혀 되돌아오면서 원래 소리와 합쳐져 더 크게 들리기 때문이에요.

소리는 보이지 않는 물결이에요

소리는 공기가 밀리고 다시 펴지면서 퍼져가는 물결이에요. 우리가 말을 하거나 노래를 부르면 성대가 진동해서 공기를 흔들어요. 이때 물결이 빠를수록 높고, 물결이 클수록 큰 소리가 나요. 소리는 장소의 영향도 많이 받아요. 소리가 단단한 벽에 부딪히면 잘 흡수되지 않고 다시 튕겨 나와요. 반면, 천이나 커튼처럼 부드러운 곳에 부딪히면 소리가 줄어들지요.

화장실과 콘서트홀의 울림

화장실은 공간이 좁고 벽이 단단해서 소리가 여러 번 빠르게 튕겨 돌아와요. 그래서 원래 소리와 되돌아온 소리가 합쳐져 더 크고 풍성하게 들려요. 반대로 콘서트홀은 소리가 고르게 퍼지고 예쁘게 울리도록 특별히 설계되었어요. 천장과 벽은 소리를 멀리까지 보내고, 의자와 커튼은 울림을 알맞게 조절해 줘요. 그래서 화장실은 우연히 울림이 좋아진 곳이라 할 수 있고, 콘서트홀은 계획적으로 울림을 만든 곳이라 할 수 있지요. 이런 울림을 '잔향'이라고 부르는데, 소리가 공간에 머무는 시간과 강도에 따라 느낌이 달라져요. 잔향이 길면 웅장한 느낌을 주고, 짧으면 소리가 더 또렷하게 들려요. 이 차이 때문에 공연장, 교실처럼 각 공간마다 소리가 느껴지는 분위기가 달라진답니다.

O/X 퀴즈

1. 콘서트홀은 울림이 생기기 어렵기 때문에 설계 없이 지어요. (O/X)
2. 소리는 공기가 움직이며 생기는 보이지 않는 물결이에요. (O/X)
3. 화장실에서 목소리가 크게 들리는 것은 소리가 벽에 부딪혀 돌아오기 때문이에요. (O/X)

정답 X, O, O

과학 상식 더하기

콘서트홀 울림의 비밀!

콘서트홀은 음악이 가장 아름답게 들리도록 음향을 계산해서 지어요. 천장엔 소리를 멀리 반사시키는 반사판을 설치해 무대 위의 소리가 뒤쪽 객석까지 고르게 퍼지게 해요. 벽과 천장의 곡선은 소리를 사방으로 흩어지게 해, 모든 자리에서 비슷한 크기와 선명한 소리를 들을 수 있어요. 또 의자와 바닥엔 소리를 흡수하는 재질을 사용해 울림이 너무 길어지지 않게 하지요.

선으로 이어요

보기의 설명과 어울리는 현상을 선으로 연결해 보세요.

① 단단한 벽	㉠ 소리가 작게 들린다
② 부드러운 커튼	㉡ 소리가 크게 들린다
③ 물결이 빠르다	㉢ 높은 소리가 난다

정답 ①-㉡, ②-㉠, ③-㉢

77 강아지는 어떻게 내가 못 듣는 소리도 잘 들을까?

나는 아무 소리도 듣지 못했는데 강아지가 갑자기 귀를 쫑긋 세우고 반응하는 걸 본 적이 있나요? 사실 강아지는 사람이 들을 수 없는 아주 높은 소리까지 들을 수 있어요.

강아지는 초음파까지 들어요

소리의 높낮이는 '헤르츠(Hz)'라는 단위로 나타내요. 1초에 공기 진동이 몇 번 일어나는지를 숫자로 표시하는 거예요. 숫자가 작으면 낮은 소리, 숫자가 크면 높은 소리가 나요. 사람이 들을 수 있는 소리의 범위를 '가청 범위'라고 하는데, 사람은 약 20Hz부터 20,000Hz까지 들을 수 있어요. 하지만 강아지는 약 40Hz부터 60,000Hz까지 들어요. 그래서 강아지는 사람이 전혀 못 듣는 초음파 휘슬 소리에도 빠르게 반응할 수 있답니다.

동물마다 듣는 범위가 달라요

고양이, 박쥐, 돌고래 등 동물들은 서로 가청 범위가 달라요. 예를 들어, 박쥐는 100,000Hz 이상의 소리를 듣고, 돌고래는 물속에서 초음파를 이용해 먹잇감의 위치를 찾아요. 이렇게 들을 수 있는 소리의 범위가 다른 이유는 동물이 사는 환경과 먹이를 찾는 방법이 저마다 다르기 때문이에요. 고양이는 작은 쥐가 내는 아주 높은 소리를 잡아내고, 돌고래는 바닷속 장애물을 피하거나 먹이를 찾는 데 소리를 활용하지요. 결국 동물에게 귀는 단순히 소리를 듣는 기관이 아니라, 생존과 직결되는 중요한 감각 기관이라고 할 수 있어요.

O/X 퀴즈

1. 소리의 높낮이는 '헤르츠(Hz)'라는 단위로 나타내요. (O/X)
2. 강아지는 사람보다 더 높은 소리까지 들을 수 있어요. (O/X)
3. 돌고래는 초음파를 이용해 물속에서 먹이를 찾을 수 없어요. (O/X)

정답 O, O, X

과학 상식 더하기

코끼리가 의사소통하는 방법

동물의 듣기 능력은 환경과 생존 방식에 따라 달라져요. 박쥐와 돌고래가 초음파를 이용한다면 코끼리는 어떨까요? 코끼리는 소리와 몸짓, 그리고 초저주파를 이용해 의사소통해요. 특히, 수 킬로미터 떨어진 무리와도 초저주파음을 사용해 소통할 수 있어요. 동물에게 생존 도구인 귀는 주변 환경에 적응한 놀라운 진화의 산물이기도 해요.

과학 상식툰

78 녹음된 내 목소리는 왜 어색하게 들릴까?

혹시 녹음된 목소리를 듣고 나서 "어? 이게 진짜 내 목소리야?" 하고 놀란 적 있나요? 그 이유는 우리가 평소에 듣는 자신의 목소리와 녹음된 목소리의 전달되는 경로가 다르기 때문이에요.

내가 듣는 내 목소리

우리 주변에서 나는 소리는 두 가지 길로 귀에 들어와요. 하나는 공기를 타고 귀로 직접 들어오는 '공기 전도', 또 하나는 머리뼈와 근육을 타고 진동이 전해지는 '골전도'예요. 내가 직접 말하면서 듣는 내 목소리는 이 중 골전도에 해당해요. 골전도는 저음 성분, 즉 소리 중에서 진동이 느리고 묵직한 부분을 더 강하게 전달해요. 저음이 섞이면 목소리가 부드럽고 묵직하게 들려서, 내가 듣는 내 목소리는 보다 안정되고 풍부하게 느껴진답니다.

녹음된 목소리는 왜 다를까요?

녹음기는 오직 공기를 통해 전달된 소리만 담아요. 그래서 골전도로 들리던 저음이 빠지고, 높고 얇은 소리만 남아요. 높은 소리는 진동이 빠른 부분으로, 더 날카롭고 가볍게 들려요. 얇은 소리는 음의 두께가 적어 힘이 약하게 느껴지는 소리예요. 이런 이유로 녹음된 내 목소리는 평소보다 더 가볍고 날카로우면서 약하게 들려요. 그래서 처음 들으면 낯설게 느껴지지요. 이 차이는 누구에게나 나타나는 자연스러운 현상이에요. 그래서 성우나 가수들은 녹음 연습을 통해 녹음된 목소리에 익숙해지며 발음을 조절하기도 해요.

O/X 퀴즈

1. 골전도는 진동이 느리고 묵직한 저음 성분을 더 강하게 전달해요. (O/X)
2. 녹음기는 공기 전도와 골전도 소리를 모두 담을 수 있어요. (O/X)
3. 높은 소리는 진동이 빠르고 날카롭게 들려요. (O/X)

정답 O, X, O

과학 상식 더하기

골전도 이어폰은 어떻게 소리를 들려줄까?

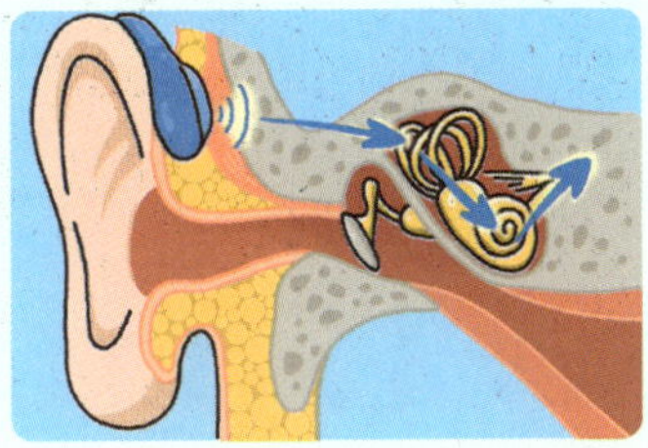

골전도 이어폰은 귓속으로 직접 소리를 보내는 대신, 귀 주변의 뼈를 진동시켜 소리를 전달해요. 이때 이어폰에서 만들어진 미세한 진동이 광대뼈나 관자놀이 근처를 타고 귓속 달팽이관까지 전달돼요. 달팽이관은 이 진동을 뇌가 '소리'로 느낄 수 있게 바꿔 줘요. 이렇게 하면 귀를 막지 않고도 음악을 들을 수 있어서 주변 소리도 함께 들을 수 있고, 귀 건강에도 부담이 적어요.

과학 퀴즈

귀를 막지 않고 진동을 이용해 소리를 전달하는 이어폰의 원리는 무엇일까요?

정답 골전도

79 마이크는 어떻게 목소리를 크게 만들까?

무대 위 가수의 목소리가 공연장 끝까지 크게 들리는 건 단지 가수의 목소리가 크기 때문만은 아니에요. 마이크와 스피커가 소리를 전기와 진동으로 바꿔, 더 크게 만들어 주기 때문이에요. 그 원리가 무엇인지 알아볼까요?

마이크가 소리를 전기로 바꿔요

우리가 말하거나 노래하면 공기 중에 '음파'라는 압력의 물결이 생겨요. 마이크 안에는 아주 얇은 막인 다이어프램이 있어서, 음파가 닿으면 함께 흔들려요. 이 흔들림은 마이크의 종류에 따라 서로 다른 방법을 통해 전기로 바뀌어요. 다이나믹 마이크는 막에 연결된 코일(전선 뭉치)이 자석 주위를 움직이며 전기를 만들고, 콘덴서 마이크는 마이크 속 금속판들 사이의 거리가 달라지면서 전기가 생겨요.

스피커가 전기를 다시 큰 소리로 바꿔요

스피커는 마이크에서 온 전기 신호를 앰프(증폭기)로 크게 키운 다음, 안에 있는 보이스 코일로 보냅니다. 전기가 흐르면 코일과 자석 사이에 힘이 생겨 코일이 앞뒤로 움직이고, 이 움직임이 진동판을 흔들어요. 진동판이 공기를 크게 밀고 당기면서, 멀리 있는 사람까지 들을 수 있는 커다란 소리로 바뀌는 거예요. 이때 앰프의 성능과 스피커의 크기에 따라 소리의 크기와 울림이 달라지지요. 그래서 야외 공연이나 대형 콘서트장에서는 더 강력한 앰프와 여러 대의 스피커를 사용해 소리를 고르게 퍼뜨려요. 공연장 어느 자리에서도 가수의 목소리를 생생하게 들을 수 있도록 말이에요.

O/X 퀴즈

1. 마이크는 소리를 전기 신호로 바꾸는 장치예요. (O/X)
2. 다이나믹 마이크는 마이크 속 금속판들의 거리가 변해 전기가 생겨요. (O/X)
3. 스피커의 진동판은 공기를 밀고 당기면서 소리를 만들어요. (O/X)

정답 O, X, O

과학 상식 더하기

다양한 마이크의 종류와 쓰임새

쓰임새에 따라 다양한 마이크를 사용할 수 있어요. 예를 들어, 다이나믹 마이크는 튼튼하고 습기에 강해 야외 공연 등 거친 환경에서 쓰기 좋아요. 콘덴서 마이크는 소리를 세밀하게 잡아내서 녹음실, 영화 촬영 등 깨끗한 음질이 필요한 곳에 쓰이지요. 무선 마이크는 선 없이 움직일 수 있어서 공연, 발표 등 활동적인 곳에 적합하답니다.

숨은그림찾기

공연장에 숨은 그림을 모두 찾아보세요!

숨은 그림	
☐ 펭귄	☐ 바게트
☐ 삼각자	☐ 우산
☐ 초승달	

정답

80 거대한 쇳덩어리인 비행기는 어떻게 하늘을 날까?

비행기는 수십 톤에서 많게는 수백 톤까지 나가는 거대한 쇳덩어리예요. 예를 들어, 대형 여객기인 보잉 747은 승객과 짐을 모두 실었을 때 무게가 약 400톤에 달하지요. 그런데 이렇게 무거운 비행기가 어떻게 땅을 박차고 하늘로 날아오를 수 있을까요?

날개 모양이 만드는 양력

비행기의 날개는 위쪽이 둥글고 아래쪽이 평평한 독특한 모양을 하고 있어요. 비행기가 앞으로 나아갈 때, 날개 위쪽을 흐르는 공기는 더 빠르게 이동해요. 반면, 날개 아래쪽을 흐르는 공기는 더 느리게 이동하지요. 이때 위쪽 공기는 압력이 낮아지고, 아래쪽 공기는 압력이 높아져 날개를 위로 들어 올리는 힘, 즉 '양력'이 생긴답니다. 양력은 비행기뿐만 아니라 종이비행기, 그리고 새나 독수리처럼 하늘을 나는 동물에게서도 찾아볼 수 있어요.

엔진이 만드는 추진력

비행기가 계속 앞으로 나아가려면 강한 추진력이 필요해요. 엔진은 공기를 빨아들여 압축하고, 연료를 태워 뜨거운 가스를 강하게 뿜어내지요. 이때 그것을 거스르는 반대의 움직임, 즉 '반작용'의 힘이 비행기를 앞으로 밀어 주는 추진력이 돼요. 쉽게 말해, 뒤로 공기를 강하게 밀어내는 만큼 비행기가 앞으로 튀어 나가는 힘이 생기는 거예요. 이렇게 엔진이 앞으로 끌어 주고, 날개가 위로 들어 올려 주기 때문에 수백 톤에 달하는 비행기도 하늘을 자유롭게 날 수 있는 거랍니다.

O/X 퀴즈

1. 보잉 747은 승객과 짐을 모두 실었을 때 무게가 약 400톤 정도 돼요. (O/X)
2. 엔진이 만든 뜨거운 가스를 뒤로 뿜어낼 때 생기는 힘이 추진력이에요. (O/X)
3. 날개 위쪽을 지나는 공기는 아래쪽보다 더 느리게 이동해요. (O/X)

정답 O, O, X

과학 상식 더하기

비행기는 어떻게 만들어졌을까?

1903년, 라이트 형제(Wright Brothers)가 만든 동력 비행기는 하늘을 나는 인류의 꿈을 현실로 바꿨어요. 처음에는 나무와 천으로 만든 작은 비행기였지만, 더 강한 엔진과 튼튼한 금속 재질이 개발되면서 비행 거리가 길어지고 속도도 빨라졌어요. 초기에는 부유한 사람만 여객기를 탔지만, 제트 엔진이 등장한 1950년대 이후에는 장거리 비행이 빨라지며 더 많은 사람들이 비행기를 타게 됐어요.

선으로 이어요

보기의 설명과 어울리는 단어를 선으로 연결해 보세요.

① 날개 위아래의 공기 속도 차이로 비행기를 위로 들어 올리는 힘 •

② 엔진이 뜨거운 가스를 뒤로 뿜어내 비행기를 앞으로 나아가게 하는 힘 •

③ 종이비행기나 새가 하늘로 뜨는 데 사용하는 힘 •

• ㉠ 양력

• ㉡ 추진력

정답 ①-㉠, ②-㉡, ③-㉠

시미쌤과 함께하는 과학 글쓰기 ⑤

하늘을 나는 자동차가 진짜 가능할까?

구영: 자동차가 하늘을 나는 영화 봤어?

그리: 응! 근데 진짜 그렇게 될까?

구영: 이미 몇몇 나라에서 시험하고 있대.

그리: 와~ 진짜 하늘에서 차가 날아다니는 세상이 오나 봐! 이동이 더 빨라지겠어!

구영: 우리도 이런 미래 자동차를 소개해 볼까?

글쓰기 단서를 참고해서 글을 써 볼까요?

■ 단서 ① 하늘을 나는 자동차의 원리

하늘을 나는 자동차는 자동차에 날개와 날개를 움직이는 장치를 달아 하늘로 올라가요. 헬리콥터처럼 똑바로 올라갔다가 내려올 수도 있지요. 그러기 위해서는 길을 찾는 GPS와 스스로 움직이는 센서, 하늘에서 안전하게 다니도록 돕는 시스템이 필요해요. 지금은 일부 나라에서 시험 비행을 하고 있는데, 아직 탈 수 있는 사람이 적고 이동 가능한 거리가 짧아요. 하지만 기술이 발전하면 우리도 하늘을 나는 자동차를 탈 수 있을 거예요.

■ 단서 ② 현재 개발 상황

하늘을 나는 자동차는 미국, 일본, 슬로바키아 같은 나라에서 시험 비행에 성공했어요. 지금은 보통 1~2명이 탈 수 있는 작은 크기이고, 시속 100~200km까지 날 수 있어요. 더 멀리, 더 오래 날기 위해서는 배터리와 연료를 오래 쓰는 방법이 필요해요. 또 하늘에서 안전하게 다니는 규칙을 만들고 지키는 것도 아주 중요해요. 그래서 앞으로 기술이 발전하면 도로뿐만 아니라 하늘에서 지켜야 하는 교통법을 익혀야 할지도 몰라요.

여러분, 도로를 달리던 자동차가 날개를 활짝 펴고 하늘로 날아오르는 모습을 상상해 본 적 있나요? 하늘을 나는 자동차는 교통 체증을 줄이고, 먼 거리를 빠르게 이동하게 해 줄 거예요. 하지만 하늘 위 교통 안전, 소음 문제, 배터리 지속 시간 등 아직 해결해야 할 과제가 남아 있답니다.

1 하늘을 나는 자동차가 어떤 문제를 해결할 수 있을까요?

2 이 기술을 어떻게 발전시키면 좋을까요?

222쪽에서 모범 답안을 확인해 보세요.

81 산불을 막기 위해 일부러 불을 지른다고?

산불이 얼마나 무서운지 알고 있나요? 산불은 바람을 타고 순식간에 산 전체로 번지면서 나무와 동물을 해치고, 사람에게도 큰 피해를 입혀요. 특히 바람의 속도, 온도나 습도 등 날씨에 따라 며칠 동안 산불이 계속되기도 하지요. 그런데 소방관들은 산불을 끄기 위해 일부러 불을 지르기도 해요. 이걸 '맞불 작전'이라고 해요.

맞불 작전은 어떻게 하는 걸까?

맞불 작전은 산불이 더 이상 퍼지지 못하게 앞길을 막는 방법이에요. 산불은 계속 탈 수 있는 나무와 풀을 찾아 앞으로 번져 나가요. 불길이 번지기 전에 소방관들이 그 앞쪽에 일부러 작은 불을 내서 풀과 나무를 먼저 태워 버려요. 그러면 산불이 아무리 가까이 다가와도 이미 탈 것이 없어져서 더 이상 퍼져 나가지 못하게 된답니다.

불이 꺼지는 과학의 비밀

불은 저절로 생기지 않아요. 불이 타려면 꼭 세 가지 조건이 필요해요. 바로 불씨와 탈 것, 그리고 산소예요. 이 중에서 하나라도 없으면 불은 꺼지게 돼요. 맞불 작전은 바로 이 원리를 이용한 방법이에요. 산불이 나면 불씨를 바로 꺼트리기 어렵고, 공기 중의 산소를 없앨 수도 없어요. 그래서 산불이 끄기 힘든 거예요. 이때 산불을 약하게 만들 수 있는 방법이 불길이 번질 수 있는 연료, 즉 탈 것을 없애는 거랍니다.

O/X 퀴즈

1. 산불은 순식간에 산 전체로 번질 수 있어요. (O/X)
2. 불이 타려면 불씨와 탈 것, 산소 중에서 두 가지만 있어도 돼요. (O/X)
3. 맞불 작전은 산불이 번지기 전에 풀과 나무를 미리 태워서 막는 방법이에요. (O/X)

정답 O, X, O

과학 상식 더하기

소방 헬기는 어떻게 산불을 끌까?

소방 헬기는 '버킷'이라 부르는 큰 물통을 싣고 다니면서 산불이 난 곳에 물을 뿌려 불을 꺼요. 강이나 호수에서 물을 가득 퍼 담아 산불 지역으로 날아가지요. 프로펠러가 빠르게 돌면서 뜨는 힘을 만들어 내기 때문에 무거운 물을 싣고도 하늘을 날 수 있어요. 물을 한꺼번에 뿌리면 불이 붙은 나무와 풀의 온도가 떨어지고, 산소가 닿지 않아 불길이 줄어든답니다.

선으로 이어요

보기의 설명과 어울리는 단어를 선으로 연결해 보세요.

① 성냥을 켰을 때 나는 불꽃	 산소
② 우리가 숨 쉬는 공기	 불씨
③ 산속의 나무와 풀	 탈 것

정답 ①-불씨, ②-산소, ③-탈 것

82 페루 바다가 따뜻해지면 왜 우리나라 겨울이 추워질까?

멀리 태평양에서 일어나는 변화가 우리나라의 겨울 날씨에도 영향을 줄 수 있다는 이야기를 들어 본 적 있나요? 그 이유는 저 멀리 남아메리카에 있는 페루의 앞바다와 연결되어 있답니다. 바로 바닷물이 평소보다 따뜻해지는 '엘니뇨' 현상 때문이지요.

엘니뇨 현상이란 무엇일까요?

엘니뇨는 태평양의 페루 앞바다에서 바닷물의 온도가 평소보다 높아지는 현상을 말해요. 바닷물이 따뜻해지면 그 위의 공기도 함께 따뜻해져요. 따뜻해진 공기는 가벼워져 위로 올라가지요. 그러면 주변의 차갑고 무거운 공기가 그 자리를 채우면서 공기의 흐름이 달라지지요. 이렇게 기압의 차이가 생기면 바람이 불던 방향도 바뀌어요. 결국 태평양 전체의 날씨가 바뀌면서 전 세계에 영향을 주게 되지요. 페루에서 시작된 작은 변화가 아주 멀리 떨어진 나라들에도 영향을 끼치는 거예요. 이처럼 사소한 변화가 전체에 막대한 영향을 미칠 수 있음을 가리켜 '나비 효과'라고 해요.

우리나라 겨울과 나비 효과

페루 앞바다가 따뜻해지면, 태평양의 바람과 공기의 흐름이 달라져서 우리나라 근처의 대기 순환도 바뀌어요. 그 결과, 북쪽에서 차가운 공기가 더 자주 내려오면서 우리나라 겨울이 더욱 추워질 수 있답니다. 한 지역의 작은 변화가 지구 반대편의 날씨까지 바꾸는 나비 효과가 일어난 거예요.

O/X 퀴즈

1. 엘니뇨는 페루 앞바다의 바닷물이 평소보다 차가워지는 현상이에요. (O/X)
2. 페루 앞바다의 바닷물이 따뜻해지면 전 세계 날씨에 영향을 줄 수 있어요. (O/X)
3. 페루의 작은 변화가 우리나라 겨울 날씨까지 바꾸는 것은 나비 효과예요. (O/X)

정답 X, O, O

과학 상식 더하기

엘니뇨, 이름 속에 숨은 이야기

'엘니뇨(El Niño)'라는 이름은 스페인어로 '아기 예수'를 뜻해요. 16세기부터 페루와 에콰도르의 어부들은 크리스마스 무렵, 바닷물이 이상하게 평소보다 따뜻해지는 현상을 자주 발견했어요. 이런 일이 매년 아기 예수의 탄생일과 비슷한 시기에 나타나서 '엘니뇨'라고 부르기 시작했지요. 이후 과학자들도 이 이름을 받아들여, 지금은 전 세계적으로 쓰이고 있답니다.

과학 퀴즈

페루 앞바다의 바닷물이 평소보다 따뜻해져서 생기는 기후 현상은 무엇일까요?

정답 엘니뇨

83 화산 폭발 한 번에 도시 전체가 사라졌다고?

화산이 불을 뿜어내며 폭발하는 장면을 본 적 있나요? 화산이 터지면 하늘로 불기둥이 솟아오르고, 뜨거운 돌과 재가 쏟아져 내려요. 이것들이 단 몇 분 만에 도시 전체를 덮어 버리기도 한답니다.

화산 쇄설물류가 무엇일까?

화산 쇄설물류는 화산에서 나온 뜨거운 가스와 돌, 화산재가 섞여서 산사태처럼 빠르게 흘러내리는 현상이에요. 이 흐름은 시속 수백 킬로미터에 이를 만큼 빠르고, 온도는 700℃나 될 정도로 뜨거워요. 마치 불타는 구름이 산비탈을 따라 굉장한 속도로 쏟아져 내려오는 것 같지요. 뜨거운 공기와 가스가 섞여 있어 밀도가 높고 무게가 무겁기 때문에, 산 아래로 순식간에 퍼져 나가지요. 그래서 용암보다 훨씬 더 빠르고 위험한 현상으로 꼽혀요. 실제로 화산 쇄설물류는 시속 700km 이상으로 움직이기도 해요. 비행기보다 빠른 속도라 사람은 절대 도망칠 수 없어 매우 위험하지요.

폼페이 최후의 날

옛날 로마 시대에 이탈리아의 폼페이라는 도시가 있었어요. 약 2,000년 전, 폼페이 근방에 있던 베수비오 화산이 폭발하면서 화산 쇄설물류가 도시를 덮쳤어요. 뜨거운 화산재와 가스가 눈 깜짝할 사이에 몰려와서 사람들이 피할 틈도 없었지요. 결국 폼페이는 하루아침에 땅속에 묻혀 버렸고, 수백 년 동안 잊혀졌다가 발굴을 통해 다시 세상에 알려졌답니다.

O/X 퀴즈

1. 화산 쇄설물류는 화산에서 나온 뜨거운 가스, 돌, 화산재가 섞여 흘러내리는 현상이에요. (O/X)
2. 화산 쇄설물류는 속도가 느려서 사람들이 충분히 도망칠 수 있어요. (O/X)
3. 폼페이는 베수비오 화산이 폭발하면서 하루아침에 묻혀 버렸어요. (O/X)

정답 O, X, O

과학 상식 더하기

폼페이는 어떻게 다시 세상에 알려졌을까?

폼페이는 약 1,700년 동안 땅속에 묻혀 있다가, 18세기 무렵 우연히 땅을 파던 사람들이 건물과 벽화를 발견하며 세상에 알려졌어요. 흙과 화산재 속에 묻힌 집, 극장, 심지어 사람의 모습까지 그대로 남아 있었지요. 화산재가 사람의 몸을 덮은 자리에 빈 공간이 있었는데, 거기에 석고를 부어 당시 사람들의 모습을 알 수 있었어요.

숨은그림찾기

화산 근처에 숨은 그림을 모두 찾아보세요!

숨은 그림

- □ 물고기
- □ 도마뱀
- □ 고무장갑
- □ 포크
- □ 나뭇잎

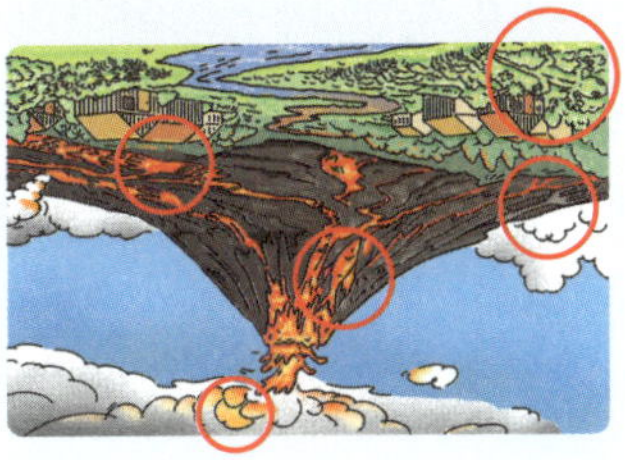

정답

84 바닷속에서 새로운 섬이 탄생한다고?

섬은 그저 바다 위에 떠 있는 땅이라고 생각하나요? 그런데 사실 어떤 섬은 바닷속에서 새롭게 탄생하기도 해요. 지구 깊은 곳에서 일어나는 화산 폭발 때문이지요. 바닷속 화산이 불을 뿜어내며 새로운 땅을 만드는 과정은 지구가 지금도 살아 움직이고 있다는 증거랍니다.

바닷속 화산의 폭발

바닷속 깊은 곳에는 보이지 않는 화산들이 숨어 있어요. 지하 깊은 곳에 있던 마그마가 바다 밑으로 올라와 분출되면, 그것을 '용암'이라고 불러요. 용암은 물에 닿자마자 빠르게 식어서 단단한 바위가 돼요. 그렇게 쌓이고 또 쌓이다 보면, 점점 높은 언덕처럼 솟아올라요. 실제로 바닷속 화산에서 분출되는 용암은 그 양이 한 번에 수천만 톤에 달하기도 하고, 온도는 약 1,000℃까지 올라간답니다. 이렇게 엄청난 양의 용암이 쌓이면서 바닷속 지형이 매년 수 센티미터씩 높아지게 되지요.

새로운 섬의 탄생

용암이 오랜 시간 동안 계속 쌓이면, 마침내 바다 위로 얼굴을 내밀게 돼요. 처음에는 작고 까만 바윗덩어리처럼 보이지만, 점점 더 커져서 하나의 섬이 되는 거예요. 이렇게 태어난 섬은 시간이 지나면서 점점 흙이 쌓이고, 풀과 나무가 자라면서 우리가 아는 아름다운 모습으로 변해 가요. 하와이 같은 섬들도 바로 이런 과정을 거쳐 만들어졌답니다.

O/X 퀴즈

1. 바닷속 화산이 폭발하면 뜨거운 용암이 바닷물에 닿아 단단한 바위가 돼요. (O/X)
2. 새로운 섬은 처음부터 풀과 나무가 가득한 모습으로 바다 위에 나타나요. (O/X)
3. 하와이 같은 섬도 바닷속 화산이 터지고 용암이 쌓여 만들어진 거예요. (O/X)

정답 O, X, O

과학 상식 더하기

하와이는 어떻게 생겨났을까?

하와이는 세계에서 가장 유명한 화산섬 가운데 하나예요. 태평양 한가운데에 바닷속 화산이 오랜 세월 동안 폭발하며 뜨거운 용암을 뿜어냈고, 그 용암이 식고 쌓이면서 바다 위로 솟아올라 섬이 되었어요. 수천만 년 동안 이런 과정이 반복되면서 큰 섬들이 줄지어 이어져, 지금의 하와이 제도가 만들어졌답니다.

과학 퀴즈

화산이 폭발하여 흘러나온 물질을 무엇이라고 할까요?

정답 용암

85 제주도 돌멩이는 왜 구멍이 숭숭 뚫려 있을까?

제주도 여행을 가면 집 담장이나 길가에서 구멍이 숭숭 뚫린 검은색 돌을 쉽게 볼 수 있어요. 바로 '현무암'이라고 불리는 특별한 돌이랍니다. 그런데 왜 이 돌에는 구멍이 많이 뚫려 있을까요?

뜨거운 용암이 만든 흔적

제주도는 오래전에 화산이 폭발하면서 만들어진 섬이에요. 화산이 폭발할 때, 땅속 깊은 곳에서 뜨거운 용암이 쏟아져 나왔어요. 이 용암 속에는 공기처럼 가벼운 가스가 많이 섞여 있었어요. 용암이 차가운 공기와 만나 굳어질 때, 가스가 빠져나가면서 작은 구멍들이 생겼답니다. 그래서 제주도의 돌멩이를 보면, 스펀지처럼 구멍이 숭숭 뚫려 있는 걸 알 수 있어요. 이 구멍들은 지름이 몇 밀리미터에서 수 센티미터까지 다양하고, 어떤 현무암은 표면의 절반 이상이 이런 빈 공간으로 이루어져 있기도 해요. 구멍이 많을수록 돌이 가볍게 느껴지는데, 실제로 같은 크기의 화강암보다 현무암이 더 가볍답니다.

우리 주변에서 찾는 화산의 흔적

현무암처럼 구멍이 뚫린 돌멩이는 화산 활동의 증거예요. 제주도의 한라산, 성산일출봉, 오름들도 모두 화산이 남긴 흔적이지요. 제주도뿐만 아니라, 화산이 있었던 다른 지역에서도 비슷한 돌을 찾을 수 있어요. 바닷가나 길에서 현무암을 발견했을 때, 그 돌이 화산의 힘으로 만들어졌다는 사실을 떠올리면 자연이 더욱 신비롭고 특별하게 느껴질 거예요.

O/X 퀴즈

1. 제주도의 돌멩이에 뚫린 구멍은 용암 속 가스가 빠져나가면서 생긴 거예요. (O/X)
2. 현무암은 구멍이 많아서 무겁고 단단해요. (O/X)
3. 제주도에서는 현무암을 집 담장이나 길을 만드는 데 사용했어요. (O/X)

정답 O, X, O

과학 상식 더하기

현무암, 사실은 가볍다고?

현무암은 겉보기에 단단해 보여도 의외로 가벼워요. 무게를 수치로 나타내면 더 비교하기 쉬워요. 일반적인 바위는 $1cm^3$당 무게가 약 2.7~3.0g 정도인데, 현무암은 속이 비어 있어 $1cm^3$당 약 2.0~2.5g 정도로 가볍지요. 이렇게 가볍기 때문에 제주도 바닷가에서는 물 위에 둥둥 떠 있는 현무암도 볼 수 있답니다.

과학 퀴즈

제주도에서 자주 보이며, 구멍이 많고 겉은 까맣거나 회색인 돌은 무엇일까요?

정답 현무암

86 와! 우리 동네에도 공룡 발자국이 숨어 있다고?

수천만 년 전, 우리나라에도 곳곳에 공룡이 살았어요. 그런데 놀랍게도 공룡이 살았던 흔적이 우리 주변에 아직까지 남아 있답니다. 그 비밀은 땅속에서 오랜 시간 동안 이루어진 특별한 과정 속에 있어요. 공룡의 흔적을 따라 시간을 거슬러 올라가 볼까요?

질퍽한 땅 위에 남은 발자국

공룡이 살던 시대에 비가 많이 와서 땅이 질퍽질퍽해졌을 때였어요. 커다란 공룡이 쿵쿵 걸어가면서 발자국을 남겼지요. 시간이 지나면서 바람과 비가 흙과 모래를 발자국 위로 차곡차곡 쌓아 올렸어요. 흙이 쌓이면서 발자국이 지워지지 않고 그대로 보존된 거예요. 이때 남겨진 발자국은 길이가 짧게는 30cm에서 길게는 60cm 이상인 경우가 많으며, 공룡의 몸집과 보폭을 추정하는 단서가 돼요. 이렇게 큰 발자국이 흙 속에 잘 보존되면, 수천만 년이 지나도 형태가 뚜렷하게 남아요.

퇴적암 속에 남은 흔적

그렇게 쌓인 흙과 모래는 수천만 년이 지나면서 딱딱하게 굳어져 '퇴적암'이라는 바위가 되었어요. 화산이 폭발하면서 만들어지는 화성암과는 달리, 오랜 시간 흙과 모래가 쌓이고 굳어져 생긴 바위이지요. 덕분에 공룡 발자국이 바위 속에 그대로 남아 지금까지 보존될 수 있었답니다. 바닷가 근처나 산속에서 세 발가락 모양의 커다란 발자국을 발견한다면, 수천만 년 전으로 시간 여행을 떠난 상상을 해 보세요.

O/X 퀴즈

1. 공룡 발자국 화석은 공룡 발자국 위에 흙과 모래가 쌓여 만들어졌어요. (O/X)
2. 퇴적암은 흙과 모래가 쌓이고 굳어져서 생긴 바위예요. (O/X)
3. 퇴적암은 화산 폭발로 만들어지는 바위예요. (O/X)

정답 O, O, X

과학 상식 더하기

우리나라에도 공룡 발자국이 있다고?

전라남도 해남 우항리와 경상남도 고성 덕명리에서는 공룡 발자국 화석을 많이 볼 수 있어요. 해남 우항리는 세계에서 가장 넓은 공룡 발자국 화석 산지 중 하나로, 물가 근처에서 살던 공룡들이 걸어간 흔적이 그대로 남아 있어요. 또 고성 덕명리에는 두 발로 걷는 수각류 공룡과 목이 긴 용각류 공룡의 발자국이 발견되었답니다.

선으로 이어요

보기의 설명과 어울리는 단어를 선으로 연결해 보세요.

① 화산이 폭발하며 용암이 굳어 생긴 바위 •

② 흙과 모래가 쌓인 뒤 단단하게 굳어 생긴 바위 •

③ 공룡 발자국이 오래도록 남아 있는 바위 •

•  퇴적암

•  공룡 발자국 화석

•  화성암

정답 ①-화성암, ②-퇴적암, ③-공룡 발자국 화석

87 과학자들은 어떻게 공룡 피부색을 알아냈을까?

우리는 실제 공룡의 모습을 본 적이 없어서 공룡의 색깔이 어떤지 정확히 알지 못했어요. 그런데 요즘 과학자들은 특별한 연구 방법으로 공룡의 피부색과 무늬를 추리하고 있답니다.

멜라노솜을 찾는 과학자들

공룡의 피부가 남아 있는 화석을 현미경으로 들여다보면, '멜라노솜'이라는 아주 작은 색소 세포가 발견돼요. 이 멜라노솜은 현재의 새나 도마뱀, 물고기 피부에도 있는 세포로, 색을 만들어 내는 역할을 해요. 그래서 과학자들은 멜라노솜의 모양을 꼼꼼히 관찰해 공룡의 색깔을 추측해요. 예를 들어, 길쭉한 멜라노솜은 검은색, 둥근 멜라노솜은 갈색이나 붉은색을 나타내지요. 그리고 여러 모양이 섞여 있는 멜라노솜은 줄무늬나 반점 같은 무늬를 나타내요. 멜라노솜의 크기는 보통 수백 나노미터 정도로, 머리카락 굵기의 천 분의 일밖에 되지 않아요. 하지만 이런 미세한 차이가 색깔을 결정하기 때문에 과학자들은 고배율 전자 현미경을 이용해 정밀하게 관찰하지요.

현재 동물과 비교해서 색깔을 추리해요

공룡의 멜라노솜을 분석한 뒤에는 현재 동물들의 멜라노솜과 비교해요. 새의 깃털이나 도마뱀의 피부와 비슷한 모양을 찾으면, 공룡도 비슷한 색이나 무늬를 띠었을 거라고 추리하는 거예요. 이 방법으로 과학자들은 어떤 공룡은 검은색에 흰 줄무늬가 있었고, 어떤 공룡은 갈색이나 붉은 빛을 띠었다는 사실을 밝혀냈답니다.

O/X 퀴즈

1. 멜라노솜의 모양은 공룡의 색과는 아무 관련이 없어요. (O/X)
2. 공룡 피부 화석 속에는 멜라노솜이라는 색소 세포가 남아 있을 수 있어요. (O/X)
3. 과학자들은 현재 동물의 멜라노솜과 비교해서 공룡의 색을 추리해요. (O/X)

정답 X, O, O

과학 상식 더하기

공룡의 뼈로 알 수 있는 놀라운 비밀!

공룡의 뼈 화석을 연구하면 공룡의 나이와 성장 속도를 알 수 있어요. 공룡의 뼈를 잘라 현미경으로 들여다보면, 나무의 나이테처럼 동그란 줄무늬가 보이는데, 이것을 '성장선'이라고 해요. 줄무늬의 개수를 세면 공룡이 몇 살까지 살았는지 알 수 있고, 그 간격을 보면 성장 속도를 알 수 있지요. 성장선이 좁으면 천천히 자란 것이고, 넓으면 빠르게 자랐다는 뜻이에요.

선으로 이어요

보기의 설명과 어울리는 특징을 선으로 연결해 보세요.

① 길쭉한 모양의 멜라노솜	㉠ 갈색이나 붉은색
② 둥근 모양의 멜라노솜	㉡ 줄무늬나 반점 같은 무늬
③ 여러 모양이 섞여 있는 멜라노솜	㉢ 검은색이나 진한 색

정답 ①-㉢, ②-㉠, ③-㉡

88 퉤퉤! 바닷물은 왜 이렇게 짤까?

여름에 바닷가에 놀러 가서 물놀이를 하다 보면 바닷물이 입에 들어와 "으악, 짜다!" 하고 놀란 적이 있을 거예요. 그런데 왜 바닷물은 강물이나 샘물처럼 싱겁지 않고, 짠맛이 날까요?

강물이 바다로 가져온 염류

비가 내려 산과 들을 지나 강으로 흘러갈 때, 강물은 바위와 흙 속에 있는 '염류(소금기)'를 조금씩 녹여 바다로 실어 날라요. 염류란 바닷물 속에 녹아 있는 여러 가지 물질을 말하는데, 그중 염화 나트륨(NaCl), 즉 우리가 먹는 소금이 가장 많아요. 예를 들어, 바닷물 1리터에는 평균적으로 약 35g의 염류가 녹아 있는데, 이는 염분 농도가 약 3.5% 정도라는 말이에요. 작은 숟가락 기준으로 소금 한 숟가락 분량과 비슷하지요. 반대로 강물에는 보통 0.01% 이하의 소금만 들어 있어, 맛을 보면 싱겁게 느껴진답니다.

증발로 더 짜지는 바닷물

또 하나의 이유는 '증발'이에요. 햇볕이 뜨겁게 내리쬐는 날, 바닷물은 수증기로 변해 하늘로 올라가 구름이 돼요. 하지만 이때 소금은 증발하지 않고 바닷속에 남지요. 이런 과정이 수천만 년 동안 반복되면서 바닷물 속 소금의 농도가 점점 높아졌어요. 그래서 오늘날 바닷물이 강물보다 훨씬 짜게 된 거랍니다. 실제로 염분 농도는 바다마다 조금씩 달라서, 적도 부근의 바다는 3.7% 이상으로 더 짜고, 빙하가 녹아드는 극지방 바다는 3.2% 정도로 조금 더 싱겁답니다.

O/X 퀴즈

1. 바닷물에는 염류가 거의 없어서 강물처럼 싱거워요. (O/X)
2. 바닷물 속 염류 중 대부분은 염화 나트륨(소금)이에요. (O/X)
3. 바닷물이 짠 이유 중 하나는 바닷물이 증발해서예요. (O/X)

정답 X, O, O

과학 상식 더하기

세상에서 가장 짠 바다는 어디일까?

바닷물에는 평균 3.5%의 소금이 녹아 있지만, 이보다 훨씬 더 짠 바다도 있어요. 바로 이스라엘과 요르단 사이에 있는 '사해(Dead Sea)'예요. 사해의 염분 농도는 30% 이상이라 일반 바닷물보다 약 8배 더 짜답니다. 그래서 물에 들어가면 몸이 둥둥 뜨는 신기한 경험을 할 수 있지요. 하지만 건조한 기후 때문에 물이 빠르게 증발하면서 사해는 점점 작아지고 있답니다.

선으로 이어요

보기의 설명과 어울리는 단어를 선으로 연결해 보세요.

설명	단어
① 바닷물 속에 녹아 있는 여러 가지 물질	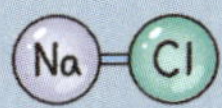 염화 나트륨
② 바닷물 속 염류 중 가장 많은 물질	 증발
③ 햇볕에 바닷물이 수증기로 변해 하늘로 올라가는 현상	 염류

정답 ①-염류, ②-염화 나트륨, ③-증발

89 대만 예류에는 여왕머리바위가 있다고?

혹시 대만에 가 본 적 있나요? 대만 북쪽 바닷가에 있는 예류지질공원에는 마치 왕관을 쓴 여왕의 옆모습처럼 생긴 신기한 바위가 있어요. 이름도 바로 '여왕머리바위'랍니다. 이 바위는 어떻게 이런 신기한 모양을 갖게 된 걸까요?

풍화와 침식이 만든 여왕 머리

여왕머리바위는 단단한 부분과 무른 부분이 섞여 있어요. 오랜 시간 동안 바위는 비, 바람, 햇빛, 온도 변화 같은 자연의 힘에 의해 조금씩 '풍화'되었어요. 풍화는 바위가 잘게 부서지거나 갈라지는 과정을 말해요. 여기에 바닷물의 파도와 강한 바람이 더해지면서 풍화로 약해진 바위가 조금씩 깎여 나가는데, 이를 '침식'이라고 해요. 무른 부분은 더 빨리 깎이고, 단단한 부분은 그대로 남아 목이 가늘고 머리가 둥근 '여왕 머리' 모양이 된 거예요. 실제로 여왕머리바위의 목 부분은 지름이 약 118cm 정도밖에 되지 않아요. 지금도 일 년에 약 1~2cm씩 깎여 나가고 있다고 해요. 전문가들은 앞으로 10년 안에 바위가 무너질 수 있다고 경고했어요.

화산 활동이 만든 특별한 지형

예류의 바위들은 모두 오래전 화산 활동으로 생겨났어요. 지하 깊은 곳의 뜨거운 마그마가 지표로 올라와 굳어 만들어졌지요. 이곳에서는 여왕머리바위뿐만 아니라, 버섯과 코끼리 모양 바위도 함께 볼 수 있어요. 이 바위들은 오래전부터 지금까지 아주 조금씩 깎이고 변하면서, 지구가 지금도 움직이고 있다는 사실을 보여 주지요.

O/X 퀴즈

1. 여왕머리바위는 단단한 부분과 무른 부분이 섞여 있어요. (O/X)
2. 풍화는 바위가 잘게 부서지거나 갈라지는 과정을 말해요. (O/X)
3. 침식은 바위가 쌓여 점점 커지는 과정을 뜻해요. (O/X)

정답 O, O, X

과학 상식 더하기

우리나라에도 풍화와 침식이 만든 멋진 지형이 있다고?

대표적인 곳이 바로 강원도 정선의 병풍바위예요. 수천 만 년 동안 비, 바람, 그리고 강물이 바위를 깎아 낸 덕분에, 마치 병풍처럼 펼쳐진 거대한 절벽이 만들어졌지요. 또 경북 울릉도의 촛대바위도 파도와 바람의 끊임없는 침식으로 지금의 뾰족한 기둥 모양이 되었어요. 이런 지형들은 모두 풍화와 침식이라는 자연의 조각칼이 만든 멋진 작품이에요.

선으로 이어요

보기의 설명과 어울리는 단어를 선으로 연결해 보세요.

① 바위가 햇빛, 바람, 비에 의해 갈라지고 부서지는 과정 •

•  침식

② 파도와 바람이 바위를 깎아 내는 과정 •

•  풍화

정답 ①-풍화, ②-침식

90 블랙홀에 빠지면 어떻게 될까?

밤하늘에는 반짝이는 별들 사이에 아주 특별한 존재가 숨어 있어요. 바로 '블랙홀'이에요. 블랙홀은 우주에서 가장 강한 힘을 가진 곳이라고 할 수 있어요. 그렇다면 사람이 블랙홀에 빠지면 어떤 일이 벌어질까요?

스파게티처럼 길어지는 몸

블랙홀은 아주 강하게 끌어당기는 힘을 가지고 있어요. 이 힘을 '중력'이라고 해요. 우리가 지구 위에 서 있을 수 있는 것도 지구가 우리를 끌어당기기 때문이에요. 하지만 블랙홀의 중력은 지구보다 수천만 배 더 강해요. 그래서 블랙홀 가까이에 가면, 발 쪽은 더 강하게 끌리고 머리 쪽은 조금 덜 끌리면서 몸이 쭉 길어져요. 이 현상을 '스파게티화'라고 부른답니다. 태양과 비슷한 질량을 가진 블랙홀의 크기는 반지름이 겨우 3km 정도밖에 되지 않아요. 이렇게 작은 공간에 엄청난 질량이 모여 있기 때문에, 중력이 상상을 초월할 만큼 강력해지는 거예요.

빛도 갇히는 블랙홀

블랙홀의 힘은 너무 세서 빛조차 빠져나오지 못해요. 우리가 무언가를 보는 건 빛이 눈으로 들어오기 때문인데, 블랙홀 안에서는 빛이 갇혀서 아무것도 보이지 않아요. 그래서 블랙홀은 까만 구멍처럼 보이고, 안에서 무슨 일이 일어나는지 아무도 정확히 알 수 없어요. 과학자들은 우주 망원경과 컴퓨터를 이용해 신비한 블랙홀의 비밀을 하나하나 밝혀내고 있답니다.

O/X 퀴즈

1. 빛은 블랙홀 안에서 빠져나올 수 있어요. (O/X)
2. 블랙홀의 중력은 지구의 중력보다 훨씬 더 강해요. (O/X)
3. 블랙홀에 가까이 가면 몸이 길게 늘어나는 현상을 '스파게티화'라고 해요. (O/X)

정답 X, O, O

과학 상식 더하기

어떻게 망원경으로 블랙홀을 찍었을까?

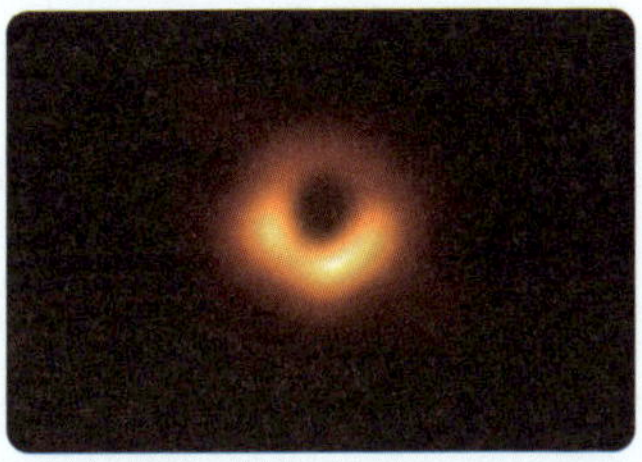

2019년, 과학자들은 역사상 처음으로 블랙홀의 사진을 찍는 데 성공했어요. 이때 사용한 장비가 바로 이벤트 호라이즌 망원경이에요. 이 망원경은 지구 곳곳의 전파 망원경을 연결해, 블랙홀을 관측했어요. 덕분에 지구에서 5,500만 광년이나 떨어진 은하 중심의 블랙홀을 관측할 수 있었지요. 사진 속 블랙홀은 가운데가 까맣고, 주위에 밝은 고리 모양의 빛이 둘러져 있는 모습이에요.

과학 퀴즈

중력이 너무 강해서 빛조차 빠져나올 수 없는 우주의 까만 구멍은 무엇일까요?

정답 블랙홀

91 하늘의 반짝이는 점! 별일까, 인공위성일까?

밤하늘을 바라보다 보면 반짝이는 점들이 눈에 들어와요. 그런데 그 점들이 모두 별은 아니랍니다. 과연 우리가 본 반짝이는 점은 별이었을까요? 아니면 인공위성이었을까요?

스스로 빛을 내는 별

별은 스스로 빛을 내는 우주의 거대한 가스 덩어리예요. 태양도 사실 하나의 별이지요. 밤하늘에 보이는 별들은 아주 멀리 있어서 작고 반짝이는 점처럼 보여요. 바람이나 대기의 움직임 때문에 반짝임이 일렁이는 것처럼 보이는 게 특징이지요. 별은 보통 같은 자리에서 움직이지 않고 오래 머물러 있답니다.

빛을 반사하며 움직이는 인공위성

인공위성은 사람이 우주로 보내 궤도를 돌게 한 물체예요. '궤도'란 행성이나 인공위성 같은 천체가 중력의 영향을 받아 다른 천체 주위를 돌 때 따르는 운동 경로를 말해요. 이 경로는 원이나 타원 같은 곡선 모양을 띠고 있어요. 인공위성은 스스로 빛을 내지는 않지만, 태양빛을 반사해서 반짝이는 것처럼 보여요. 별과 달리 일정한 속도로 쭉 이동하는 게 특징이지요. 사람들이 인공위성을 우주로 보내는 이유는 다양해요. 기상 위성을 보내 날씨를 관측하기도 하고, 관측 위성을 보내 지구나 천체의 사진을 찍기도 하지요. 또 통신 위성을 보내 TV와 인터넷 신호를 보내기도 하고, 과학 위성을 보내 우주를 연구하는 데 쓰기도 해요. 밤하늘을 보다 일정한 경로로 천천히 움직이는 빛을 발견했다면, 그건 아마 이런 인공위성 중 하나일 가능성이 높답니다.

O/X 퀴즈

1. 별은 스스로 빛을 내는 거대한 가스 덩어리예요. (O/X)
2. 인공위성은 태양빛을 반사해서 반짝이는 것처럼 보여요. (O/X)
3. 모든 인공위성은 같은 목적과 역할만 가지고 있어요. (O/X)

정답 O, O, X

과학 상식 더하기

우리나라 최초의 인공위성, 우리별 1호!

우리나라 최초의 인공위성은 '우리별 1호'예요. 영국에서 제작을 도왔고, 아리안 로켓에 실려 프랑스에서 발사되었지요. 우리별 1호는 우주에서 전파를 주고받으며 통신 실험을 성공시켰어요. 이후 우리나라는 기술을 발전시켜 기상 관측 위성, 통신 위성, 지구 관측 위성 등 여러 위성을 스스로 만들어 발사할 수 있게 되었어요.

선으로 이어요

보기의 설명과 어울리는 단어를 선으로 연결해 보세요.

① 날씨를 관측하는 위성	㉠ 과학 위성
② TV와 인터넷 신호를 보내는 위성	㉡ 통신 위성
③ 지구와 우주를 연구하는 위성	㉢ 기상 위성

정답 ①-㉢, ②-㉡, ③-㉠

92 번개는 왜 하늘을 지그재그로 가를까?

천둥번개가 치는 날 밤하늘을 본 적 있나요? 번개는 하늘을 환하게 비추면서 지그재그 모양으로 번쩍하고 퍼져 나가요. 그렇다면 번개는 왜 생길까요? 또 번개가 직선이 아니라 지그재그로 보이는 이유는 무엇일까요?

구름 속 전기가 땅으로 내려와요

번개는 구름 속에 모인 전기 에너지가 땅으로 이동하면서 생겨요. 이 과정을 '방전'이라고 해요. 방전은 전기가 한곳에 모였다가 다른 곳으로 빠르게 이동하는 현상이지요. 구름 속에서 물방울과 얼음 알갱이가 서로 부딪히면서 전기가 점점 쌓이고, 이 전기가 더 이상 머물지 못하고 땅으로 빠르게 내려가면서 번개가 번쩍이는 거예요.

지그재그로 움직이는 이유

전기는 통하기 쉬운 길을 따라 이동해요. 하지만 공기 중에는 먼지, 습기, 온도 차이 같은 여러 장애물이 있어요. 전기는 이런 것들을 피해 가면서 가장 빠르게 내려갈 수 있는 길을 찾아 움직이기 때문에, 직선이 아닌 지그재그 모양으로 보이는 거예요. 실제로 번개는 작은 전기 불꽃이 약 50m씩 끊어지며 내려와요. 이렇게 잘린 불꽃들이 연속으로 이어지면서 우리가 볼 때는 지그재그처럼 보여요. 번개가 땅에 닿기까지 걸리는 시간은 $\frac{1}{1,000}$초도 안 될 만큼 짧기 때문에 하나의 번쩍임으로 보이는 것이지요. 이제 밤하늘에 번개가 번쩍할 때는 "아, 전기가 장애물을 피해 가장 쉬운 길로 내려가고 있구나!" 하고 생각해 보면 어떨까요?

O/X 퀴즈

1. 번개는 구름 속 전기가 땅으로 빠르게 이동하면서 생겨요. (O/X)
2. 번개는 공기 중에 장애물이 없어서 직선으로만 내려와요. (O/X)
3. 방전은 전기가 한곳에 모였다가 다른 곳으로 이동하는 현상을 말해요. (O/X)

정답 O, X, O

과학 상식 더하기

번개가 자주 생기는 날씨는?

번개는 주로 무더운 여름에 나타나요. 낮 동안 뜨겁게 달궈진 공기가 위로 빠르게 올라가면서 높은 구름, 즉 적란운을 만들어요. 이 구름 안에서 물방울과 얼음 알갱이들이 부딪히며 전기가 모이고, 그 전기가 한 번에 방전되며 번개가 생기지요. 특히 여름철 소나기가 내리는 날처럼 습하고 공기가 불안정한 날에 더 잘 생긴답니다.

과학 상식툰

93 제임스웹 우주 망원경이 발견한 우주의 수수께끼는?

밤하늘을 바라보면 수많은 별과 은하가 보여요. 하지만 우리가 눈으로 볼 수 있는 건 아주 작은 부분뿐이에요. 그래서 과학자들은 더 멀리, 더 선명하게 우주를 관찰할 수 있는 '제임스웹 우주 망원경'을 우주로 보냈답니다.

제임스웹 우주 망원경의 놀라운 특징

제임스웹 우주 망원경은 2021년에 발사된 초대형 우주 망원경이에요. 몸 길이가 무려 약 21m에 달하고 지름이 약 6.5m인 거대한 금빛 거울을 가지고 있어서, 이전 망원경보다 100배 더 선명하게 우주를 볼 수 있어요. 특히 적외선을 이용해 먼 우주 깊숙한 곳을 관찰할 수 있어서, 다른 망원경으로는 볼 수 없는 은하나 별의 모습까지 자세히 볼 수 있답니다.

우주에 나타난 '물음표 은하'와 초기 우주

지난 2023년, 제임스웹 우주 망원경은 물음표 모양의 커다란 은하를 발견했어요. 과학자들은 물음표 은하가 두 개의 은하가 부딪히면서 만들어진 모양이라고 추측하지만, 아직 정확한 이유는 모르고 있어요. 또 제임스웹 우주 망원경은 약 138억 년 전, 우주가 갓 태어난 시기의 빛도 포착할 수 있어요. 그 덕분에 초기 우주에서 별과 은하가 어떻게 생겨났는지 관찰하는 데 큰 도움을 받고 있답니다. 앞으로 제임스웹 우주 망원경이 보여 줄 우주의 숨겨진 모습을 기대해 보아요.

O/X 퀴즈

1. 제임스웹 우주 망원경은 2021년에 발사되었어요. (O/X)
2. 제임스웹 우주 망원경은 가까운 별만 관찰할 수 있어요. (O/X)
3. 제임스웹 우주 망원경은 금빛 거울로 선명하게 우주를 볼 수 있어요. (O/X)

정답 O, X, O

과학 상식 더하기

우주 탐험의 시작, 허블 우주 망원경!

허블 우주 망원경은 1990년에 지구 궤도에 올라가 활동을 시작한 인류 최초의 대형 우주 망원경이에요. 지구 대기 밖에서 관측하기 때문에 지상 망원경보다 훨씬 선명하고 깨끗한 우주 사진을 찍을 수 있었어요. 덕분에 수많은 별과 은하, 그리고 아주 멀리 있는 우주의 모습까지 자세히 볼 수 있게 되었답니다.

숨은그림찾기

공원에 숨은 그림을 모두 찾아보세요!

숨은 그림

- ☐ 털모자
- ☐ 로켓
- ☐ 양말
- ☐ 버섯
- ☐ 빨간 책

정답

94 산꼭대기에서 조개 화석이 발견되었다고?

산꼭대기에서 조개나 물고기 모양의 화석을 본 적 있나요? "어? 여긴 바다가 아닌데, 왜 조개 화석이 있지?" 하고 놀랄 수 있지만, 산꼭대기에서 조개 화석이 발견되는 건 자연스러운 일이에요. 그 이유는 바로 지구의 지각 운동에 있어요.

바다가 산이 된 이유

지구 표면은 '지각판'이라고 부르는 커다란 판으로 덮여 있어요. 지각판에는 바닷속에 있는 '해양판'과 땅 위의 '대륙판'이 있는데, 이 판들은 아주 느리지만 끊임없이 움직여요. 이런 움직임을 '지각 변동'이라고 해요. 예를 들어, 인도판(대륙판)과 유라시아판(대륙판)이 서로 부딪히면서 히말라야산맥이 만들어졌어요. 이 과정에서 바닷속 땅이 위로 솟아올라 높은 산이 되고, 그곳에 있던 조개나 물고기의 흔적이 화석으로 남게 되는 거예요. 실제로 히말라야산맥의 에베레스트산 정상에서도 조개 화석이 발견되었는데, 이는 에베레스트산이 약 4억 년 전에는 얕은 바다였다는 뜻이지요. 지각판은 1년에 몇 센티미터씩 움직이는데, 이런 느린 속도가 수천만 년 동안 쌓이면 바다가 산으로 변할 만큼 큰 변화를 만든답니다.

화석은 지구의 과거를 알려 주는 단서

산꼭대기에서 발견된 조개 화석은 "이곳이 아주 오래전에는 바다였어요!"라고 말해 주는 증거예요. 과학자들은 이런 화석을 연구해, 당시의 기후, 바닷물의 깊이, 그리고 그곳에 살던 생물의 종류까지 알아내고 있답니다.

O/X 퀴즈

1. 지구 표면에서는 대륙판과 해양판 같은 큰 지각판들이 천천히 움직이고 있어요. (O/X)
2. 대륙판과 대륙판이 부딪히면서 바닷속 땅이 올라와 산이 될 수 있어요. (O/X)
3. 산꼭대기에서 조개 화석이 나오면, 그곳이 예전에도 늘 산이었다는 뜻이에요. (O/X)

정답 O, O, X

과학 상식 더하기

지각 변동이 만든 신기한 지형들!

남아메리카의 안데스산맥은 해양판이 대륙판 밑으로 밀려 들어가면서 땅이 솟아올라 생겼어요. 또 미국의 샌앤드레이어스 단층은 판과 판이 옆으로 미끄러지듯 움직이며 생겼지요. 이외에도 아이슬란드의 실프라 균열처럼 두 판이 서로 멀어지는 곳에 땅이 갈라지고 새로운 땅이 생기기도 한답니다.

선으로 이어요

보기의 설명과 어울리는 단어를 선으로 연결해 보세요.

① 바닷속에 있는 지각판	㉠ 지각 변동
② 땅 위에 있는 지각판	㉡ 대륙판
③ 판들이 움직여 땅이 솟거나 가라앉는 현상	㉢ 해양판

정답 ①-㉢, ②-㉡, ③-㉠

95 뜨거워진 도시가 섬처럼 변하고 있다고?

여름에 도심 한가운데를 걸어 본 적 있나요? 같은 날씨인데도 시골보다 도시가 훨씬 덥다고 느낀 적이 있을 거예요.

도시가 더 뜨거워지는 이유

도시에는 아스팔트 도로와 높은 건물이 가득해요. 아스팔트와 시멘트 등의 재료는 햇볕을 강하게 흡수하는 성질을 가지고 있어서, 낮 동안 열을 가득 저장했다가 밤에 천천히 열을 다시 내보내요. 게다가 자동차, 공장, 에어컨들이 내뿜는 열기까지 더해져, 도시의 온도는 주변 시골보다 2~5℃ 정도 더 높아져요. 이렇게 도시가 마치 뜨거운 공기 속에 갇힌 거대한 섬처럼 변해 버리는 것을 '도시 열섬 현상'이라고 해요. 실제로 서울의 경우, 여름철 밤 기온이 25℃ 이상 올라가는 열대야 발생 빈도가 시골의 두 배라는 연구 결과도 있어요. 또 아스팔트 표면은 햇볕을 받은 낮에는 60℃ 가까이 달아오르기도 해, 사람과 동물이 느끼는 체감 온도를 크게 끌어올린답니다.

도시 열섬이 만드는 문제

도시 열섬 현상은 사람들의 건강에도 영향을 줘요. 특히 여름철에는 온열 질환에 걸릴 위험이 커져요. 예를 들어, 열사병이나 열탈진에 걸려 어지럽거나 두통이 생기고, 심한 경우 의식이 흐려지는 증상이 생길 수 있어요. 도시에는 나무가 적고, 빌딩이 많아서 바람이 잘 통하지 않기 때문에 밤에도 열기가 쉽게 식지 않아요. 그래서 잠자기도 힘들고, 에어컨 때문에 전기 사용량이 늘어나 전력 부족 문제가 생기기도 하지요.

O/X 퀴즈

1. 도시에는 아스팔트와 건물이 많아서 열을 쉽게 흡수하고 천천히 내보내요. (O/X)
2. 도시는 열섬 현상 때문에 온도가 시골보다 2~5℃ 정도 더 높아질 수 있어요. (O/X)
3. 도시 열섬 현상은 온열 질환의 위험을 낮춰요. (O/X)

정답 O, O, X

과학 상식 더하기

도시 속 친환경 건물

도시 열섬 현상을 줄이기 위해 건물 곳곳에 흙과 식물로 작은 정원을 만드는 친환경 건물이 등장하고 있어요. 식물이 주위 열을 흡수해 수증기로 내뿜으며 주위의 온도를 낮춰 주기 때문이지요. 실제로 싱가포르는 '그린 빌딩' 정책을 통해 도심 건물 옥상에 나무를 심고 있으며, 이탈리아 밀라노의 '보스코 베르티칼레'처럼 건물 곳곳에 나무를 심은 친환경 건물도 늘어나고 있어요.

숨은그림찾기

도시 열섬 장면 속, 숨은 그림을 모두 찾아보세요!

숨은 그림

- ☐ 숟가락
- ☐ 책
- ☐ 칫솔
- ☐ 자
- ☐ 고양이

정답

96 매연 대신 물을 내뿜는 자동차가 있다고?

도로를 달리는 자동차 뒤에서 매연이 뿜어져 나오는 걸 본 적 있을 거예요. 그을음이 섞인 연기가 매캐하고 불쾌하게 느껴지곤 하지요. 그런데 매연 대신 깨끗한 물만 내뿜는 자동차가 있다는 사실을 알고 있나요?

연료 전지로 달리는 자동차

수소 전기 자동차는 휘발유나 경유 대신 수소를 연료로 써요. 자동차 안에는 '연료 전지'라는 특별한 장치가 있는데, 이곳에서 수소(H_2)와 공기 중의 산소(O_2)가 만나 화학 반응을 일으켜 전기를 만들어요. 그 전기가 자동차 바퀴를 돌려, 달릴 수 있게 하는 거예요. 이 과정에서 매연이나 이산화 탄소 같은 오염 물질은 전혀 나오지 않고, 대신 깨끗한 물이 생겨 자동차 밖으로 뿜어져 나온답니다.

미래를 바꾸는 친환경 기술

수소 전기 자동차는 매연을 줄여 기후 변화에 대응하는 데 큰 도움이 돼요. 게다가 주유소처럼 수소 충전소에서 연료만 넣으면 몇 분 만에 충전이 끝나고, 일반 전기차보다 훨씬 긴 거리를 달릴 수 있어 편리하지요. 현재는 우리나라를 포함해 일본, 미국, 유럽 등에서 수소 자동차가 점점 늘어나고 있지만, 아직은 수소 충전소가 많지 않아 일부 지역에서만 이용할 수 있어요. 2025년 기준, 우리나라에는 약 250여 개의 수소 충전소가 운영 중이지만, 전국적인 보급을 위해서는 수천 개가 필요하다고 전문가들은 말해요.

O/X 퀴즈

1. 수소 전기 자동차는 연료 전지로 전기를 만들어 달려요. (O/X)
2. 수소 전기 자동차는 매연과 이산화 탄소를 많이 배출해요. (O/X)
3. 연료 전지는 수소와 산소가 반응해 전기를 만드는 장치예요. (O/X)

정답 O, X, O

과학 상식 더하기

우리나라의 수소 전기 자동차 정책

우리나라 정부는 2013년부터 수소 전기 자동차 개발을 시작하여 2018년에는 세계 최초로 수소 전기 자동차 상용화에 성공했어요. 지금도 수소 충전소를 전국적으로 보급하려고 노력하고 있지요. 또 버스와 택시에도 수소 기술을 도입해 도로의 배기가스를 줄이고, 깨끗한 도시를 만드는 데 힘쓰고 있어요. 덕분에 울산, 창원, 서울 등 여러 도시에서는 이미 수소 버스가 운행되고 있답니다.

과학 상식툰

*먹는 물과 달리 수소 전기 자동차에 쓰는 연료는 H_2 기체예요. 이 수소는 연료 전지 안에서 공기 중의 산소를 만나 전기를 만들지요. 수소 전기 자동차는 이렇게 만들어진 전기로 움직여요.

97 밤하늘에 초록색 커튼이 펄럭인다고?

추운 겨울, 북극 하늘에서는 가끔 초록빛과 붉은빛이 춤추듯 번쩍이는 장관이 펼쳐져요. 밤하늘에 펼쳐진 빛의 물결은 마치 하늘 위에서 커튼이 흔들리는 듯 보이지요. 이 신비로운 빛의 정체는 바로 '오로라'예요.

태양에서 온 전기 입자의 춤

오로라는 태양에서 날아온 전기 입자(태양풍) 때문에 생겨요. 태양은 항상 강한 에너지를 우주로 내보내는데, 이때 전기 입자들도 함께 지구로 날아와요. 지구는 마치 거대한 자석처럼 자기장을 가지고 있어서 이 입자들을 끌어당기고, 입자들은 북극과 남극 근처 대기권으로 들어오게 돼요. 이때 공기 중의 산소, 질소 분자와 부딪히면서 빛을 내뿜어요. 이렇게 생겨난 빛이 바로 오로라랍니다. 특히 태양에서 거대한 폭발이 일어나면 평소보다 수십 배 많은 전기 입자가 지구로 쏟아져 들어와, 오로라가 훨씬 밝고 넓게 퍼지기도 한답니다.

다양한 색깔의 비밀

오로라는 보통 초록색으로 많이 보이지만, 상황에 따라 붉은색, 보라색, 심지어 분홍색으로도 나타날 수 있어요. 초록색은 공기 중의 산소와 전기 입자가 부딪힐 때 주로 생기고, 붉은색이나 보라색은 전기 입자가 더 높은 대기층에서 질소와 만나 반응할 때 만들어진답니다. 예를 들어, 초록빛은 약 100km 높이에서, 붉은빛은 200km 이상 높은 곳에서 나타난다는 연구 결과가 있어요.

O/X 퀴즈

1. 오로라는 태양에서 날아온 전기 입자와 지구 대기의 분자가 부딪혀 생겨요. (O/X)
2. 오로라는 주로 북극과 남극 같은 극지방에서 볼 수 있어요. (O/X)
3. 오로라는 항상 초록색으로만 나타나요. (O/X)

정답 O, O, X

과학 상식 더하기

태양이 보낸 강한 신호, 오로라가 춤출 때!

오로라를 매일 밤 볼 수 있는 건 아니에요. 태양에서 날아오는 태양풍의 세기가 강해질 때, 평소보다 훨씬 많은 전기 입자가 지구로 날아오는데요. 이때 오로라는 훨씬 더 자주, 그리고 화려하게 나타나요. 전기 입자들이 지구의 자기장과 부딪히면서 대기 속 공기 분자와 더 강하게 반응해, 하늘 가득 여러 빛깔의 오로라가 춤추는 거예요.

과학 상식툰

98 하늘에서 떨어지는 '별똥별'의 진짜 정체는?

밤하늘을 올려다보다가 빠르게 지나가는 반짝이는 빛을 본 적 있나요? 많은 사람들은 이 빛을 보고 "별이 떨어진다!"라고 말하지만, 사실 별똥별은 진짜 별이 아니에요.

별똥별은 어떻게 생길까요?

별똥별은 우주에서 행성이나 혜성이 지나가면서 남긴 부스러기들 때문에 생겨요. 혜성은 얼음과 먼지로 이루어진 천체인데, 태양 가까이 다가가면 얼음이 녹으면서 긴 꼬리가 반짝이며 길게 늘어져 보여요. 행성이나 혜성이 지나간 자리에는 작은 먼지와 돌 조각이 남는데, 이 조각들이 지구의 중력에 이끌려 대기권으로 들어올 때 공기와 세게 부딪히며 엄청난 마찰열로 불타요. 이것이 우리가 밤하늘에서 보는 반짝이는 빛, 바로 별똥별이에요. 크기는 대부분 쌀알만큼 작지만 불타면서 잠깐 반짝이고 빠르게 사라진답니다. 실제로 별똥별의 속도는 시속 4만~26만km에 이를 정도로 매우 빨라요. 대부분의 별똥별은 100km 상공에서 불타 사라지기 때문에 땅에 떨어지는 경우는 드물지요.

밤하늘의 특별한 선물, 유성우

특정한 시기에는 밤하늘에서 별똥별이 비처럼 쏟아지는 장관을 볼 수 있어요. 이 현상을 '유성우'라고 부르는데, 혜성이 지나간 궤도에 남은 부스러기들이 지구 궤도와 겹칠 때 나타나요. 예를 들어, 매년 8월에는 페르세우스자리 유성우가, 12월에는 쌍둥이자리 유성우가 펼쳐지지요.

O/X 퀴즈

1 별똥별은 우주의 별이 빠르게 떨어지는 현상이에요. (O/X)

2 별똥별은 우주 먼지나 돌 조각이 지구 대기와 부딪히며 불타면서 생겨요. (O/X)

3 유성우는 혜성이 지나간 자리에 남은 부스러기 때문에 생겨요. (O/X)

정답 X, O, O

과학 상식 더하기

별똥별과 유성우에 얽힌 옛이야기

옛날엔 별똥별을 하늘의 신이 보낸 메시지라고 믿었어요. 우리나라 일부 지역에서는 별똥별이 지나갈 때 소원을 빌면 하늘이 그 소원을 들어준다는 이야기도 전해졌지요. 중국 고대 기록에는 황제가 별똥별을 보고 나라의 길흉화복을 점쳤다는 말도 있답니다. 또 유럽에서는 유성우를 천사가 하늘에서 촛불을 켜고 내려오는 순간으로 해석하기도 했어요.

선으로 이어요

보기의 설명과 어울리는 단어를 선으로 연결해 보세요.

설명		단어
① 꼬리가 길게 늘어진 얼음과 먼지 덩어리인 천체		유성우
② 지구 대기와 부딪혀 반짝이며 타는 작은 우주 먼지 조각		별똥별
③ 특정한 시기에 별똥별이 비처럼 쏟아지는 현상		혜성

정답 ①-혜성, ②-별똥별, ③-유성우

99 달은 왜 매일 모양이 바뀔까?

며칠 전에는 둥근 보름달이 하늘에 떠 있었는데, 오늘은 반쪽짜리 반달로 보였던 적이 있나요? 우리 눈에는 달이 매일 모양을 바꾸는 것처럼 보이지만, 사실 달 자체가 변하는 건 아니랍니다.

달은 스스로 빛나지 않아요

달이 반짝이는 건 달 스스로 빛을 내기 때문이라고 생각하기 쉽지만, 사실 달은 태양처럼 빛을 만들지 않아요. 달은 태양의 빛을 반사해서 반짝이는 것처럼 보이는 거예요. 그래서 태양이 없는 밤에도 밤하늘을 밝힐 수 있지요. 단, 태양 빛이 어느 쪽을 비추느냐에 따라 지구에서 보이는 달의 밝은 부분도 달라진답니다. 실제로 달 표면은 태양 빛의 약 7%만 반사할 수 있어서, 흰색이 아니라 회색빛에 가깝게 보인답니다.

달이 지구 주위를 돌면서 생기는 변화

달은 약 27일을 주기로 지구 주위를 공전하고 있어요. 이 때문에 지구에서 바라보는 달의 모양이 조금씩 달라지는 거예요. 달의 모양은 태양과 지구, 달이 각각 어떤 위치에 있느냐에 따라 다르게 보여요. 예를 들어, 태양과 달이 지구의 양쪽에 있을 때는 둥근 보름달이, 태양과 달이 같은 방향에 있을 때는 아주 가느다란 초승달이 보여요. 달의 모양이 한 바퀴 변해 다시 돌아오는 데 걸리는 시간은 약 29.5일이에요. 음력 달력이 바로 달의 주기를 기준으로 만들어졌답니다.

O/X 퀴즈

1. 달은 스스로 빛을 내는 천체예요. (O/X)
2. 달빛은 태양 빛이 달에서 반사되어 보이는 거예요. (O/X)
3. 달의 모양이 바뀌는 이유는 달이 지구 주위를 돌기 때문이에요. (O/X)

정답 X, O, O

과학 상식 더하기

최초의 달 착륙과 우주인 이야기

아폴로 11호는 1969년, 인류 최초로 달에 착륙한 우주선이에요. 여기에는 닐 암스트롱, 버즈 올드린, 마이클 콜린스 등 세 명의 우주인이 탑승했지요. 암스트롱은 달 표면에 첫 발을 내디디며 "한 인간에게는 작은 발걸음이지만, 인류에게는 위대한 도약이다!"라는 역사적인 말을 남겼어요. 버즈 올드린도 곧 그를 뒤따랐고, 콜린스는 달 궤도에 남아 우주선을 조종하며 두 동료를 도왔지요.

숨은그림찾기

달을 구경하는 장면에 숨은 그림을 모두 찾아보세요!

숨은 그림

□ 깃발	□ 종이배
□ 칫솔	□ 사다리
□ 가오리	□ 유령

정답

100 땅이 뜨거운 물을 하늘로 뿜어낸다고?

여행 사진이나 TV 속에서 땅이 갑자기 뜨거운 물을 하늘로 '쏴아!' 하고 뿜어 올리는 장면을 본 적 있나요? 이렇게 끓는 물과 수증기를 일정한 간격으로 내뿜는 자연의 분수를 '간헐천'이라고 불러요.

간헐천은 어떻게 만들어질까요?

간헐천이 생기는 비밀은 마그마에 있어요. 마그마는 지구 속 깊은 곳에 있는 약 1,000~1,200℃의 뜨거운 액체 암석이에요. 비나 눈이 땅속 깊이 스며들어 생긴 지하수가 마그마 근처로 내려가면, 뜨거운 열 때문에 물이 빠르게 데워져요. 물은 지하의 좁고 긴 통로에 갇혀 빠져나오지 못하기 때문에 점점 압력이 높아지기 시작해요. 이 압력은 엄청나서, 일반 가정집 수도꼭지에서 나오는 물의 압력보다 수십 배 이상 강하답니다. 그러다가 한계에 다다르면, 뜨거운 물과 수증기가 한순간에 하늘로 솟구치며 "푸쉬익!" 하고 분출되는 거예요.

간헐천을 볼 수 있는 곳

간헐천은 화산 활동이 활발한 지역에서만 볼 수 있어요. 대표적으로 미국의 옐로스톤 국립 공원이나 아이슬란드, 뉴질랜드 같은 나라들이 유명하지요. 이곳에서는 일정한 간격으로 간헐천이 터지는 모습을 볼 수 있는데, 마치 지구가 "나, 아직도 뜨겁게 숨 쉬고 있어!"라고 말하는 것 같답니다. 아이슬란드의 게이시르 간헐천은 '간헐천(geyser)'이라는 단어의 어원이 되었을 만큼 역사적으로도 유명해요.

O/X 퀴즈

1. 마그마는 지구 속 깊은 곳에 있는 뜨거운 액체 암석이에요. (O/X)
2. 간헐천은 지하수가 마그마의 열로 데워지고, 압력이 쌓여 터져 나오면서 생겨요. (O/X)
3. 간헐천은 전 세계 어디서나 쉽게 볼 수 있어요. (O/X)

정답 O, O, X

과학 상식 더하기

아시아에도 간헐천이 있다고?

간헐천은 아이슬란드나 미국만의 특별한 자연 현상이 아니에요. 아시아에도 간헐천이 있는데, 특히 일본 홋카이도 노보리베츠의 간헐천이 유명해요. 이곳은 '지옥계곡'이라 불리는 화산 지대에 있는데, 땅속 깊은 곳의 마그마 열로 데워진 지하수가 때마다 뿜어져 나와 하늘로 솟구쳐요. 뜨거운 수증기와 황의 냄새가 섞여서 주변은 마치 '끓는 지옥'처럼 보이지요.

과학 상식툰

시미쌤과 함께하는 과학 글쓰기 ⑥

깊은 바닷속 화산 탐사선은 어떻게 움직일까?

구영: TV에서 바닷속 화산을 탐사하는 잠수선을 봤어!

그리: 우아, 진짜 신기하다! 그 잠수선은 어떻게 움직이는 걸까?

구영: 바닷속 압력에도 견디는 튼튼한 몸체랑, 방향을 바꿀 수 있는 추진 장치가 있대.

그리: 대단하다! 우리도 이 잠수선의 원리를 소개해 보자!

글쓰기 단서를 참고해서 글을 써 볼까요?

■ 단서 ① 바닷속 화산 탐사선의 원리

바닷속 화산 탐사선은 사람 대신 바닷속 깊은 곳을 탐사하는 무인 잠수 로봇이에요. 잠수선에는 물속에서 움직일 수 있는 프로펠러와, 바닷속의 지형과 위치를 알 수 있는 음파 탐지기가 있어요. 덕분에 높은 압력이 걸리는 깊은 심해에서도 안정적으로 움직일 수 있답니다. 게다가 바닷속 화산의 온도와 성분을 분석할 수 있는 센서와 카메라까지 달려 있어서, 해저 화산 폭발과 같은 지구 과학 현상을 자세히 기록할 수 있어요.

■ 단서 ② 현재 개발 상황

이런 탐사선은 미국, 일본, 한국 같은 몇몇 나라에서 개발하고 있어요. 보통 한 번 탐사할 때 수백 미터에서 6,000미터까지 내려가고, 몇 시간 동안 바닷속을 돌아다니면서 데이터를 수집해요. 다만, 더 깊이 더 오래 탐사하려면 에너지 효율을 높이고 더 강한 내압 설계를 해야 해요. 앞으로 기술이 발전하면 바닷속 지형을 3D로 촬영하거나, 심해 생물까지 실시간으로 관찰할 수 있을 거예요.

지구 표면은 대부분 바다로 덮여 있지만, 깊은 바닷속은 아직 미지의 세계로 남아 있어요. 햇빛이 닿지 않는 해저에는 사람의 눈으로 본 적 없는 생물과 지형이 숨어 있답니다. 이곳을 조사하기 위해 과학자들은 사람 대신 바닷속 화산 탐사선을 보내요. 하지만 아직 해결해야 할 문제들이 남아 있지요.

1 바닷속 화산 탐사선은 어떤 문제를 해결할 수 있을까요?

2 이 기술을 어떻게 발전시키면 좋을까요?

223쪽에서 모범 답안을 확인해 보세요.

모범 답안

시미쌤과 함께하는 과학 글쓰기 ①

28-29쪽

① 초콜릿은 사람의 입속보다 낮은 온도에서 녹기 때문이에요.

초콜릿에는 코코아버터라는 성분이 있는데, 이건 32℃쯤에서 녹아요. 그런데 사람의 입속은 36℃ 정도로 더 따뜻하니까, 입속에 들어가면 금방 녹는 거예요. 초콜릿이 책상 위에서 잘 안 녹는 이유는 책상 위 온도가 초콜릿이 녹는 온도보다 낮기 때문이에요.

② 초콜릿이 녹는 건 물리적인 변화가 일어났기 때문이에요.

초콜릿은 입속에서 고체에서 액체로 바뀌지만, 안에 있는 재료는 그대로예요. 이렇게 모양이나 상태만 바뀌는 걸 물리 변화라고 해요. 예를 들어, 얼음이 물로 변하는 것도 물리 변화예요. 초콜릿도 마찬가지로, 식히면 다시 굳어요.

시미쌤과 함께하는 과학 글쓰기 ②

60-61쪽

① 내 몸에는 로봇 팔이 생겼어요.

이 팔은 생각만으로 움직이고, 힘도 엄청 세서 무거운 물건도 거뜬히 들 수 있어요. 작은 물건도 실수 없이 집을 수 있고, 손끝 감각도 느낄 수 있어서 그림도 섬세하게 그리지요. 게다가 다쳤을 때는 바로 부품을 갈아 끼워 다시 새것처럼 사용할 수 있어요.

② 내 몸은 인공 장기로 더 건강해졌어요.

몸속에 있는 장기가 고장 나도 3D 프린터로 만든 새 장기로 쉽게 교체할 수 있어요. 인공 장기지만 진짜 장기처럼 숨 쉬고 움직이면서 몸을 지켜 줘요. 덕분에 병에 걸려도 오래 고통받지 않고 금방 회복할 수 있답니다.

① 필요성을 말해요! : 해수 농업이 어떤 환경에서 필요할지 알려 주세요.

해수 농업은 물이 부족한 지역에서 특히 필요해요. 어떤 나라들은 비가 거의 오지 않아서 농사를 지을 민물이 충분하지 않아요. 이런 곳에서는 바닷물을 활용할 수 있는 해수 농업이 큰 도움이 돼요. 또 토양이 좋지 않은 지역에서도 해수 농업이 필요해요. 땅에 소금기가 많아 식물이 잘 자라지 않는 지역에서는, 바닷물에 강한 식물을 키우면 더 안정적으로 작물을 얻을 수 있어요. 이처럼 물이 부족하거나 땅이 나쁜 환경에서 해수 농업을 이용하면, 사람들이 더 쉽게 식량을 생산할 수 있어서 많은 도움이 된답니다.

② 직접 홍보해요! : 해수 농업이 필요한 사람들을 대상으로, 해수 농업의 장점을 소개하는 광고문을 만들어 보세요.

물이 부족해서 농사가 어려우신가요?
토양이 좋지 않아 작물이 잘 자라지 않나요?
지금 바로 해수 농업을 만나 보세요!

해수 농업은 바닷물에서도 잘 자라는 식물을 이용해
물 걱정 없이 작물을 기를 수 있는 새로운 농업 방식이에요.
또 최신 바닷물 정화 기술을 사용해,
바닷물 속 소금을 줄여 농사용 물로 바꿀 수 있어요.
그럼 사막이나 가뭄 지역에서도 안정적으로 농사를 지을 수 있어요!

물 부족 문제 해결!
농사 짓기 어려운 토양에서도 작물 재배 가능!
미래 식량 위기를 막는 똑똑한 방법!

"바닷물로 농사 짓는 미래, 지금 시작하세요!"

시미쌤과 함께하는 과학 글쓰기 ④ ························ 134-135쪽

① 환경 오염으로 지금 바다 생물들이 어떤 문제를 겪고 있나요?

바다에는 병뚜껑, 빨대, 비닐봉지 같은 플라스틱 쓰레기가 너무 많아요. 이 쓰레기들이 거북이 코에 끼거나, 물고기 뱃속에 들어가 상처를 내고 목숨을 빼앗아요. 게다가 플라스틱은 바닷속에서 수십 년, 길게는 수백 년 동안 썩지 않고 남아 환경을 해쳐요.

② 해결 방법을 생각해 보아요.

과학자들이 PET를 분해하는 '분해 효소(PETase)'를 발견했어요. 이 효소는 플라스틱의 화학 결합을 끊어 작은 조각으로 만들고, 미생물이 그것을 먹어 자연으로 돌려보내요. 또, 옥수수·사탕수수로 만든 PLA나, 미생물이 만드는 PHA 같은 친환경 플라스틱은 특별한 환경에서 빠르게 분해돼서 쓰레기를 줄일 수 있어요.

시미쌤과 함께하는 과학 글쓰기 ⑤ ························ 176-177쪽

① 하늘을 나는 자동차가 어떤 문제를 해결할 수 있을까요?

출퇴근 시간이나 휴가철처럼 도로에 차가 너무 많을 때 길이 꽉 막히는 문제를 해결할 수 있어요. 그리고 산이나 강처럼 길이 없는 곳도 하늘로 날아가면 더 빨리 갈 수 있어요.

② 이 기술을 어떻게 발전시키면 좋을까요?

배터리나 연료가 오래 가도록 만들고, 비나 눈이 오는 날에도 안전하게 날 수 있는 장치를 더하면 좋아요. 또 하늘에서 자동차들이 부딪히지 않도록 신호등처럼 하늘 교통 규칙을 만들면 안전해요.

시미쌤과 함께하는 과학 글쓰기 ⑥

218-219쪽

① 바닷속 화산 탐사선은 어떤 문제를 해결할 수 있을까요?

사람 대신 깊은 바닷속을 탐험할 수 있어서 보다 안전해요. 물속에서 움직일 수 있는 프로펠러와 바닷속 지형과 위치를 알 수 있는 음파 탐지기를 이용해 깊은 심해를 조사할 수 있고, 특별한 센서와 카메라를 이용해 해저 화산 폭발 같은 지구 과학 현상도 자세히 알아볼 수 있어요.

② 이 기술을 어떻게 발전시키면 좋을까요?

탐사선의 몸체를 더 튼튼한 합금으로 만들어서 강한 압력에도 견디게 하면 좋아요. 또 고성능 조명 장치와 고화질 카메라를 달아서 어두운 바닷속도 잘 관측할 수 있게 하고, 에너지 효율이 높은 배터리를 개발해서 탐사 시간도 늘릴 수 있어요. 그렇게 되면 지금보다 더 해저 화산 활동을 자세히 이해하고, 새로운 바다 생물도 발견할 수 있을 거예요.

초판 1쇄 2026년 1월 15일

글 정혜심
그림 이혜원
채색 이혜원, 박보은
이미지 자료 셔터스톡

발행인 김진용
발행처 (주)삼성출판사
등록 제1-276호
주소 서울시 서초구 명달로 94
문의 080-470-3000
홈페이지 www.mylittletiger.co.kr

ISBN 978-89-15-99839-1(73400)